Werner Barfod
IAO
und die eurythmischen Meditationen

WERNER BARFOD

IAO
und die eurythmischen
Meditationen

Herausgegeben von der
Sektion für Redende und Musizierende Künste
der Freien Hochschule für Geisteswissenschaft
Goetheanum

VERLAG AM GOETHEANUM

2. Auflage 2005

Einbandgestaltung von Gabriela de Carvalho

© Copyright 1999 by Verlag am Goetheanum, CH-4143 Dornach
Alle Rechte vorbehalten

Satz: Heiko Hanekop
Druck und Bindung: fgb · freiburger graphische betriebe

ISBN 3-7235-1044-2

Inhalt

II.
Die eurythmischen Meditationen

Einleitung

Meditation ist besinnliche Betrachtung, innere Versenkung ist Mittel zur geistigen Konzentration und Selbsterkenntnis. Im anthroposophischen Zusammenhang wird Meditation etwas, das Arbeitswege des Ich zu höherer Erkenntnis beinhaltet.

Mit unserem Tagesbewußtsein reflektieren wir die sinnlich wahrnehmbare Welt, wir bilden uns Vorstellungen von der uns umgebenden Welt. Mit unserem Tages-Ich, mit dem wir im Leib wach anwesend sind, sind wir in der Lage, die gegenständliche Welt zu erfassen. Der Sinneswelt polar gegenüber ist die geistige Welt, sie erschließt sich dem Menschen nur im Überwinden des Tagesbewußtseins. Um offen zu sein für Geistiges, können wir mit der Meditation die Hindernisse der Tageswelt innerhalb des Bewußtseins überwinden. Wenn das gelingt, kann Geistiges an uns herantreten, was wir dann je nach Fähigkeit aufnehmen können.

So wie wir durch die Sinne einerseits erkennend mit der Welt verbunden sind, sind wir anderseits wollend durch unsere Handlungen mit der Welt verbunden. Mit den aus der Vergangenheit erworbenen Begriffen und Vorstellungen können wir die Welt erkennend erfassen. Mit dem Handlungs*motiv* gehen wir vom Zukunftsziel aus, um in der Gegenwart die sachgemäße Handlung auszuführen. Wir setzen unsere Fähigkeiten in der Gegenwart ein, um eine Aufgabe zu erfüllen, deren Ergebnis in der Zukunft liegt. Sowohl unser erkennendes Denken als auch der geschulte Wille sind für eine meditative Vertiefung zugänglich.

Die Willensvorgänge einer auf die Welt gerichteten Handlung verlaufen im Unbewußten. Diese Willensvorgänge gilt es in der meditativen Arbeit von der Objektwelt loszulösen. Das heißt: in bewußt beseelten Bewegungen ohne Gegenstandsbezug zu erwachen, wie es die Eurythmie kennt. Die eurythmischen Bewegungen sind dem geistig-ätherischen Bewegen abgelauscht und werden in beseelt-ausdrucksvollen Bewegungen in der künstlerischen Gestaltung sichtbar.

Eurythmische Meditation will Mittel sein für ein Erwachen in den rein menschlichen Bewegungen, in denen sich der wachen Seele Wesenhaftes wirksam offenbaren kann.

Der Mensch kann an zwei Grenzschwellen die geistige Welt erfahren: der des Denkens und der des Wollens. Er ist in seinem Leib ein Zentrumswesen; darin ist das Ich wie eingeatmet und für die sinnliche Welt offen. Zugleich aber erfährt sich der Mensch als Umkreiswesen, ausgeatmet mit seinem Ich. Darin schrittweise zu erwachen beziehungsweise sich in der Situation des Schlafens in einer überwachen Weise halten zu können, ist das Ziel. Die Meditation ist das Mittel dazu. Hier sollen nur eurythmische Meditationen, die das Durchlichten des Willens mit Wachbewußtsein zum Ziel haben, beschrieben werden.

Der künstlerische Übprozeß kann ebenso zu einem überwachen Aus-der-Sache-heraus-Handeln führen, dem Gestalten aus einem Tableau in freier, schöpferischer Weise im Moment der künstlerischen Darstellung.

Im November 1998 *Werner Barfod*

I.
IAO

1.

Der Weg der Seele zum Geist
durch den Leib: I A O

Einleitung

Die irdische, aufrechte Menschengestalt, aus kosmischen Kräften aufgebaut, ist das Instrument für das Ich, wodurch Entwicklung stattfindet.

Es war und ist immer die Aufgabe, mit der Konzentration des Tages-Ich die Verbindung zum Wesens-Ich zu suchen, das heißt sich vom Mittelpunkt zum Kreis hin zu bewegen. In dem Spruch einer alten Sonnenuhr ist diese Aufgabe wunderbar zusammengefaßt:

«Du, Mensch,
Sprache Gottes,
Gleiche der Sonne,
Ruhe in der Mitte deiner Bewegung.»[1]

I A O in der esoterischen Schulung

Der Mensch als Sprach- oder Wortwesen konzentriert sich in der Mitte des Herzraumes auf die gestaltdurchfühlende Bewegung. Schon lange bevor die Eurythmie entstanden ist, gibt Rudolf Steiner die Übung I A O als eine Meditation. In der Eurythmie wird I A O zur ersten Gestalt-Meditation, dem Anfang der Eurythmie überhaupt. Es sind verwandte Übungen, aber eben durchaus Metamorphosen des Urbildes.

Wir begegnen der I A O - Meditation zuerst in den Inhalten der Esoterischen Schule von 1904 bis 1914:

«Morgens:
Sich konzentrieren auf eine Linie,
welche durch den Körper geht, so

Die Linie geht nicht durch das Rückenmark,
sondern etwas *vor* demselben durch den Körper.»[2]

Das ist natürlich I in der aufrechten Gestalt, aber eben ein spezifisches I, das nicht identisch mit der Wirbelsäule intendiert wird, sondern innen vor der Wirbelsäule. Später bei der I AO-Übung in der Eurythmie wird diese Lichtsäule sogar etwas vor der Gestalt gefühlt. Das eurythmische I mit seiner Armgebärde geht mitten durch den Herzraum hindurch.

Zur Meditation, die eine Wort-Gestalt-Meditation ist, heißt es dann weiter:
«Dann meditieren dasjenige, was in den folgenden Worten liegt:
       Wärmendes Licht [*] dringt von oben in mich
       Schwere der Erde [*] breitet wärmendes Licht
       in mir aus und gestaltet mich,
dann durch eine längere Zeit festhalten die Vorstellung
       Ich bin
dann *nichts* vorstellen, sondern im leeren Bewußtsein *abwarten,* was kommt.»[3]

12

Hier werden, wie in der Eurythmie-Meditation, Himmels- und Erdenkräfte angesprochen:

«Ich suche im Innern
Der schaffenden Kräfte Wirken,
Der schaffenden Mächte Leben.
Es sagt mir
Der Erde Schweremacht
Durch meiner Füße Wort,
Es sagt mir
Der Lüfte Formgewalt
Durch meiner Hände Singen,
Es sagt mir
Des Himmels Lichteskraft
Durch meines Hauptes Sinnen,
Wie die Welt im Menschen
Spricht, singt, sinnt.»[4]

«Wärmendes Licht» und «des Himmels Lichteskraft» dringen von oben durch die Gestalt herein, «Schwere der Erde» und «der Erde Schweremacht» strömen von unten durch die Gestalt herein «und gestaltet mich», «wie die Welt im Menschen spricht ...».

«*Abends:* Versuchen, sich auf die eigene Leibesempfindung zu konzentrieren in folgenden Etappen:

Ich bin mein Kopf
Ich bin mein Hals
Ich bin meine Arme
Ich bin meine Brustumhüllung
Ich bin mein Herz
Ich bin das Blut, das in mir zirkuliert
Ich bin meine Lunge

dann sich konzentrieren auf den Atem in folgender Weise:

13

Konzentrieren auf Einatmung, und die einziehende Luft empfinden
als   I
Konzentrieren auf die den Leib erfüllende eingeatmete Luft und
diese empfinden als   A
Konzentrieren auf die Ausatmung und die aus dem Leib ziehende
Luft empfinden als   O

Dieses mit *sieben* aufeinanderfolgenden Atemprozessen machen;
dann sich kontemplativ konzentrieren auf das Innere des Kopfes
[Zeichnung: Punkt zwischen den Augenbrauen hinter der Stirn]. Dort
fühlen, als ob das Wort I A O ertönte; diesen Ton durch 1–2 Minuten
festhalten, dann *nichts* vorstellen, sondern im leeren Bewußtsein
abwarten, was kommt.»[5]

Im zweiten Teil der Meditation wird die Konzentration auf den obe-
ren und mittleren Menschen gelenkt und im Zusammenhang mit der
Ein- und Ausatmung auf I, A und O. Das entspricht in der Eurythmie-
Meditation «der Lüfte Formgewalt» und damit dem Umkreis. Die
eingeatmete Luft erfahren wir mehr im Rücken, wie ausgesteift, die
Ausatmung empfinden wir mehr vor dem und um den Brustraum. Das
A und O der eurythmischen Urübung kommt dem schon sehr nah,
wenn auch in der angeführten Meditation eine noch etwas andere
Ebene angesprochen wird, ganz auf den Bereich der Atmung bezo-
gen.

Eine Variante zu der I A O - Meditation aus der Esoterischen Schule
läßt das I nur im Kopf erleben, was bei der eurythmischen I A O -
Übung dem Heben des Kopfes in die Lichtachse des I entspricht.
A und O erscheinen als Lichtstrom mehr hinten beziehungsweise
mehr vor in der Gestalt.

14

«Lichtstrom von Augenbrauenmitte
zum Nacken: I

Lichtstrom geht längs der Wirbelsäule: A

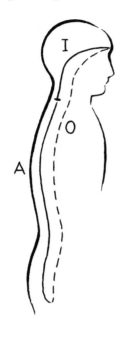

siebenmal
jedes
2 Minuten
(14 Minuten)

Lichtstrom innen von der Wirbelsäule
zurück zur Augenbrauenmitte: O

I A O dringt in mich durch mich aus mir
I A O schaffet Kräfte in mir durch mich aus mir
I A O lebt webend in mir durch mich aus mir

so oft [wie]
möglich

Stimmung:
I A O als Name des Christus
Dieses hängt mit dem Geheimnis zusammen,
wie Christus im Menschen wirkt.»[6]

15

Hier wird deutlich IAO zum Namen des Christus und mit dem Geheimnis des Christus-Wirkens im Menschen verbunden. IAO im Dreiklang «in mir – durch mich – aus mir» wirft noch einmal ein Licht darauf, wie das I eindringt, das A durch mich strömt, das O aus mir herausgeht. Der eurythmischen Urübung IAO liegen die gleichen Qualitäten zugrunde, sie ist die Keimübung der ganzen Eurythmie.

2.

J und B – die beiden Säulen
Weisheit und Leben – und die I A O - Meditation
in verschiedenen Formen

Im ersten Vortrag des Laut-Eurythmie-Kurses spricht Rudolf Steiner vom Logos, der schöpferischen Wortkraft, die einmal «den ganzen Menschen als ätherische Schöpfung» umfaßte. «Mit einer Menschenschöpfung haben wir es zu tun, wenn gesprochen wird, mit einer ätherischen Menschenschöpfung.» Der Ätherleib ist die Weisheit vom Menschen. «Es geschieht also im Sprechen etwas ganz außerordentlich Bedeutungsvolles. Es bildet sich der Mensch. Und man kann schon mit einer gewissen Vollständigkeit zum Beispiel das Seelische bilden, wenn man umfassende Gefühle hinstellt. I O A, das stellt vieles vom Seelischen dar, fast das ganze Seelische seinem Gefühlsleben nach: I O A.»[7]

Zu Pfingsten 1907 in München, während des theosophischen Kongresses, gestaltet Rudolf Steiner den Saal mit den apokalyptischen Siegeln, den Planeten-Säulen und -Formen aus und stellt die beiden Säulen in den Raum: die rote Säule, die Jakin genannt wird, die blaue Säule, die Boas genannt wird. Die Säulen stehen für Weisheit und Stärke als Grundlage für das Leben des Menschen. Sie waren einmal der Baum des Lebens und der Baum der Erkenntnis. Mit Geburt und Tod hat der Mensch sich seine Erkenntnis erkauft. Der tiefere Sinn spricht sich aus in den Worten: «Ich bin, der da war; Ich bin, der da ist; Ich bin, der da sein wird.»[8]

Diese Säulen stehen als einseitige Aufgaben heute vor der Menschheit; der Mensch muß lernen, im Gleichgewicht zwischen ihnen hindurchzugehen; denn nur im Gleichgewichtszustand zwischen den beiden ist das Leben. – Die dritte Säule, der Regenbogen, der beide verbindet, ist das Prinzip der Frömmigkeit, der Liebe, der Schönheit.

Durch den Christus, die gereinigte, geläuterte Liebe, kann die Verbindung gesucht werden.[9]

Rudolf Steiner faßt in einem Spruch die okkulte Weisheit der beiden Säulen zusammen (Vortrag vom 21. Mai 1907):

Die rote Säule:

«Im reinen Gedanken findest du
Das Selbst, das sich halten kann.

Wandelst zum Bilde du den Gedanken,
Erlebst du die schaffende Weisheit.»

Die blaue Säule:

«Verdichtest du das Gefühl zum Licht,
Offenbarst du die formende Kraft.

Verdinglichst du den Willen zum Wesen,
So schaffest du im Weltensein.»[10]

Die magische Kraft liegt hier im Übergang vom Spruch der ersten zum Spruch der zweiten Säule.

Im Gefühl des Gleichgewichts der ganzen Seele erklingt A I O:
- der sich verwundernde Mensch, der in sich erlebt die schaffende Weisheit: A,
- der sich in die Welt hineinstellende Mensch, der zugleich Mittelpunkt und Umkreis ergreift im Gleichgewicht: I,
- der Mensch, der sich als Seele offenbart im tätigen Mitgefühl als formende Kraft im Weltensein: O.

Im Durchgang erklingt in der Säulenweisheit A I O dem Menschen urbildlich entgegen. Umfassender, so scheint es, als im Laut-Eurythmie-Vortrag erklingt in A I O das ganze Seelische seinem Denken, Fühlen und Wollen entsprechend.

Unmittelbar schließt hier eine Meditation aus einer esoterischen Stunde an, in der wiederum die drei Hauptvokale Inhalt sind:

18

«OAIAO: Ich inmitten Licht und Raum
AIOIA: Raum für Ich und Licht
IOAOI: Licht durch Raum und mich
           Ich bin.»[11]

Die Folge der Hauptlaute IAO erscheint hier verschieden, aber immer gespiegelt um eine Mitte.
Alle drei Laute werden jeweils von den anderen zwei umgeben.
Daraus ergibt sich eine qualitative Verbindung:

I mit Ich	Jede Folge von IAO entspricht einer anderen Ebene:
A mit Raum	kosmisch – historisch – irdisch – seelisch –
O mit Licht	gestaltgerichtet etc.
	(Wir kommen später darauf zurück.)

Ein anderer Hinweis aus den Notizen der Esoterischen Schule weist auf die Beziehung der Hierarchien zu den Vokalen aus der gleichen esoterischen Stunde:

«IAO   Seraphim, Cherubim und teilweise Throne beteiligt
U   Kyriotetes, Exusiai, Dynamis
E   Archai, Archangeloi, Angeloi.»[12]

Diese Beziehungen bilden eine direkte Brücke zu der malerischen Gestaltung in der großen Kuppel im ersten Goetheanum im dreifachen IAO-Motiv über dem Bühnenbogen. Wie ein direkter Übergang klingen die Hinweise, die zu einer Meditation als Vorbereitung angegeben sind:

«I   noch in sich
A   man öffnet sich der Welt, die sagt viel
O   die Engel kommen, geben die Hände
U   die zweite Hierarchie kommt nach, umströmt einen
           mit Licht
E   die erste Hierarchie kommt und verbrennt einen
           im Feuer.»[13]

19

Der Bezug der Säulen klingt auch in dem vierten apokalyptischen Siegel wieder an, die eine Säule im Lebensstrom des Wassers ruhend, die andere auf festem, geschaffenem Erdengrund stehend. Auch in dem O-Motiv der Malerei in der großen Kuppel des ersten Goetheanum taucht das Säulenmotiv wieder auf. Im nächsten Kapitel wird darüber genauer gesprochen. Es ist ein Menschheitsmysterium, das mit dem Sonnenwesen, dem Christus, verbunden ist und den ganzen Werdestrom begleitet wie das IAO.

3.

Das dreifache IAO-Motiv in der großen Kuppel des ersten Goetheanum

Im Osten der Kuppel über dem Bühnenportal erhebt sich ein dreiteiliges Motiv, das Rudolf Steiner «IAO» nannte. In hehren Bildern ersteht das kosmische Bild des Menschen.

«Und endlich ist das Ergebnis des lemurischen und atlantischen Werdens dargestellt: dasjenige, was unsere Zeit sein soll, dadurch daß einem entgegenkommen wird, wenn man den Blick hin richtet von Westen nach Osten gegen den kleinen Raum hin, aus der Art, wie die Darstellung gemacht ist, der Impuls, der da liegt im Weltenwerden und der sich ausspricht in dem IAO. Nicht etwa, daß das IAO symbolisch dargestellt wäre, aber in dem Motiv ist es ausgedrückt. Und wenn man den Blick richtet von Osten nach Westen, so entspricht dem dasjenige, was aus den Tiefen des Kosmos heraus ebenso hineinspricht in das Werden der Kultur, wie das IAO in das Werden der Seele von innen spricht.»[14]

Die drei Motive zeigen den Menschen als kosmischen Menschen in seiner Ur-Dreigliederung in der Vertikalen von oben nach unten:

Der Hauptesmensch aus dem kraftvollen Rot herausgemalt, «Gottes Zorn und Gottes Wehmut» als I charakterisiert.

Eine gelbrote Flammensäule strebt nach oben, von einer blauen Erdkugel ausgehend, die gehalten wird von Gottes Händen. Ein finster-ahrimanisches Wesen greift nach dem göttlichen Licht. Kraftvolle Götteraugen blicken über den Kampf zwischen Licht und Finsternis, Engelwesen strömen Licht zu der Flammensäule, in der der Mensch sein Ich erbildet.

Unter dem Hauptes-Motiv ein Dreieck mit sieben Lichtgestalten, die Grundlage des mittleren Menschen: «Der Reigen der Sieben», als A charakterisiert.

In lichtem Gelb schwingen sich die Wesen wie in einem Reigen. Das sich nach unten öffnende Dreieck ist umgeben von Violett und zeigt innen ein rotes Antlitz. In dem rhythmischen Schwingen der drei und vier Wesen zwischen Innen und Außen bildet sich die Herzmitte. Unter dem Mitte-Motiv der Sieben erscheint «Der Kreis der Zwölf», umgeben von «göttlichen Gliedmaßen» in pfirsichblütenem Grund. Die zwölf Antlitze zeigen zugleich die Grundlage für die menschlichen Sinne. Der Kreis der Zwölf wird als O charakterisiert. Links weist eine göttliche Hand herunter auf einen schwarzen Felsen. Sieben Antlitze haben einen hellen Untergrund, fünf haben mehr eine dunkle Umgebung, ganz entsprechend der Farbverteilung im Tierkreis. Sieben blaue Engelwesen wirken helfend von oben herein, unten auf der Erde stehen zwei Säulen, die zwei der Antlitze stützen. Die Gebärde des O umfaßt die Willenskräfte, die Schicksalstiefen, umfaßt Geburt und Tod, das Kommen zur Erde, das Gehen von der Erde.

Die Dreiheit der Motive faßt Rudolf Steiner einmal so:

«Das, was Sie in der großen Kuppel am Ostende hier sehen, ist eine Art Empfindung des eigenen Ich. Dieses Ich, das ist ja, wenn man so sagen darf, eine Art Dreifaltigkeit, offenbart sich auch in der inneren Empfindung so, daß es einmal bis zur lichtvollen Klarheit und Durchsichtigkeit des denkenden Ich geht, auf der anderen Seite, auf dem anderen Pol gewissermaßen nach der Willensseite geht, nach dem wollenden Ich, und in der Mitte nach dem fühlenden Ich.»[15]

Die Zeichnungen und Skizzen Rudolf Steiners finden wir mit ausführlichen Beschreibungen in: «Das Farbenwort» von Hilde Raske.[16]

IAO in der Skizze für einen Bühnenvorhang
zu Eurythmie-Aufführungen von Rudolf Steiner

Unterhalb des dreigegliederten Motivs in der großen Kuppel des ersten Goetheanum schließt sich der Vorhang an in drei horizontal aufgebauten Motiven von links nach rechts: Der Erdenmensch – IAO. Wie ein prozessuales Kreuz lassen sich die beiden Darstellungen erleben mit dem A als Herzmitte. Die Skizze zeigt drei torartige Motive nebeneinander.

Links ist ein Tor in warmen, braunen Tönen gehalten. Eine aufstrebende Flamme, von warmroten, orangenen Tönen umgeben, erhebt sich darüber. Die Schwere ist überwunden in der Aufrechten, die Gestalt erscheint als I.

Das mittlere Tor öffnet sich in eine lichtgelbe Umgebung und wird begrenzt von zartem Blau wie in einem Bogen. Zwei Engelwesen in rötlichen Tönen neigen sich schwebend über einem zarten Dreieck in Orange, die Glieder sind offen gestreckt. Es erscheint wie ein offen atmendes Strömen und Bewegen, ein atmender Rhythmus beginnt, ein lichtes A wird erlebbar.

Das dritte Tor ragt am höchsten herauf und ist in Blau gehalten, in einer umschließenden Wölbung, durchlässig für die blaue Umgebung. Blaue Engelwesen schweben innerhalb der Wölbung mit O-artigen Gebärden. Die einströmende Kraft wird verinnerlicht, wird im Innern umgestaltet und sich zu eigen gemacht.

Von rötlich-braunen Farbtönen über orangefarbige bis hin zu zarten blauen Farbtönen bilden sich über den Toren die Vorhangmotive zu einem Ganzen. Im Bilde haben wir den Menschen im I A O vor uns.

Öffnet sich der Vorhang, erscheinen auf der Bühne die Eurythmisten. Durch ihre Gestalten hindurch, an ihren Gestalten erscheinen Bewegungen, die als beseelte Bewegungen den geistig-ätherischen Gesetzen folgen, in denen die Schwere überwunden erscheint. Die bewegten Gestalten sind wie Bilder, durch die die Eurythmie hindurchstrahlen will. Der geistig-seelische Mensch kann sich als Agierender in der Eurythmie sprechend und singend offenbaren. Es ist die Aufgabe des Menschen heute – der Eurythmisten wie der Zuschauer –, den «Vorhang» durchlässig zu machen, um das Geheimnis des Menschen anschauen zu lernen.[17]

4.

IAO –
die erste eurythmische Übung

Die erste eurythmische Gestalt-Laut-Übung IAO gibt Rudolf Steiner Anfang September 1912 in München:

«Stellen Sie sich aufrecht hin und versuchen Sie eine Säule zu empfinden, deren Fußpunkt der Ballen Ihrer Füße und deren Kopfpunkt Ihr eigener Kopf, Ihre Stirn ist. Und diese Säule, diese Aufrechte, lernen Sie empfinden als I.»[18]

Wir haben schon darauf hingewiesen, daß die Aufrechte nicht der physischen Gestalt-Aufrechten entspricht, sondern erst durch eine zusätzliche Aktivität hier als Lichtsäule zwischen Ballen, Brustbein und Stirne empfunden wird. Diese Lichtsäule schwingt mit dem Gefühlsmeridian der Haupt-Chakras zusammen. (Der Gefühlsmeridian verläuft gerade vor der Gestalt entlang, der Willensmeridian hinter der Gestalt.) Die in der Lichtsäule wirksame Aufrichtekraft wird als I empfunden, als das I, das die Verbindung meines Ichgefühls mit dem eigenen höheren Wesen ermöglicht.

«Nun verlegen Sie den Kopfpunkt der Säule hinter den Fußpunkt, und das lernen Sie empfinden als A.»[19]

Hierbei ist entscheidend, daß die Aufmerksamkeit auf die Lichtsäule nicht verlorengeht. Im Neigen nach hinten nehmen wir das I-Gefühl mit, halten uns darinnen und empfinden dadurch verstärkt den rückwärtigen Raum, die Willensebene dem Rücken entlang und ein Kraftgefühl zur Erde hin. Ein A-Empfinden aus der menschlichen Gestalt heraus, offen zur Erde, stellt sich ein.

«Neigen Sie den Kopfpunkt der Säule vor den Fußpunkt und lernen Sie so ein O empfinden.»[20]

Wiederum nehmen wir die Aufrechte der Lichtsäule mit in den vorderen Raum, halten uns im I-Gefühl und empfinden das Eintauchen in die Welt vor uns, ohne da hineinzufallen. In dieser Gefühlsebene erleben wir gerade in der eigenen Gestalt-Zurückhaltung das O. Im fühlenden Verbinden mit den Wesen der Welt im Umkreis lebt die Kraft der Hingabe.

Der Zusammenhang der IAO-Übung mit den Chakras

Schon in dieser Keimübung erscheint die Eurythmie als geistige Quelle am Menschen. Durch den Fühlens-Meridian der Chakras unmittelbar vor der Gestalt wird die ganze Gestalt in ihrer ätherischen Ganzheit gefühlsmäßig aktiviert. Wenn auch alle Chakras angesprochen werden, sind es doch drei, die wesentlich anklingen:

Das Wurzel-Chakra, die vierblättrige Lotosblume, strahlt am stehenden Menschen bis in die Füße hinunter. Die zehnblättrige Lotosblume, das Sonnengeflecht, bildet hier einen Zusammenhang mit dem Wurzel-Chakra. Über das Brustbein berührt die Lichtsäule das Herz-Chakra, die zwölfblättrige Lotosblume. Den Kopfpunkt der Lichtsäule bildet die Stirn mit der zweiblättrigen Lotosblume. Gerade weil die Lichtsäule gehalten wird, mitgeht mit der aufgerichteten Gestalt, bleibt der Fühlensmeridian durch die ganze Übung aktiviert.

Der Ätherleib, als um die Gestalt geschlossene Ganzheit, wird durch die mit der Gestalt verbundenen Laute seelisch aktiviert. Ein Atmen mit dem Ätherischen wird seelisch erfahrbar. Die Lotosblumen sind im Ätherleib Lebensorgane, sie sind in der Seele als geistige Wahrnehmungsorgane veranlagt. Mit den hier angesprochenen Chakras verbindet sich der Mensch wie in der Eurythmie-Meditation durch die Füße mit der Erde, durch den Brustraum mit der Umgebung, durch den Kopf mit dem Licht, dem Himmel.

Diese Lichtachse, die hier mit dem I, der Aufrichtekraft, erübt wird, ist als ätherische Lichtsäule die Urvoraussetzung für alles Eurythmisieren.

Die drei Laute der IAO-Übung sind die drei Hauptvokale und zugleich die die Seelenkräfte umfassenden Vokale. In der Eurythmie haben wir die an dem menschlichen Instrument erscheinende Kunst, die unmittelbar im Sinnlich-Wahrnehmbaren Übersinnlich-Geistiges erfahren läßt. Ihrem Wesen nach ist Eurythmie Schwellenkunst.

Seelisch öffnet sich der Mensch auf der Erde voll Vertrauen dem Sternenhimmel. Das weist hin auf einen Ursprung im Kosmos. Der staunende, sich verwundernde Mensch zeigt uns den Menschen, der aus seiner Leibeshülle heraus will, sich verbinden will mit der Welt und damit seinen geistigen Ursprung offenbart.

«... als ob ein Geistiges in uns eindringe, das verwandt wird mit unserem Seelischen, und das uns eigentlich entzwei spaltet»: es ist die A-Kraft, die den Menschen mit seinen «beiden Sternen» verbindet, von wo her er sich als Mensch im Leibe staunend erlebt.[21]

Das Gefühl des Mitleids, des Mitgefühls, der Hingabe führt den Menschen ebenso über sich hinaus in die Sphäre eines anderen Wesens, schließlich in den Zusammenhang mit allen Wesen.

Wir stehen «einem Geistigen gegenüber, das sich uns schon ankündigen kann, das durch es selbst uns etwas sagt», ist die O-Kraft, mit der der Mensch sich den Wesen in der Welt verbindet.[22] Mit der Aufrichtekraft zwischen Erde und Himmel dringt Licht von oben in den Menschen ein. Mit diesem Licht wird zugleich die Gewissensstimme im Menschen geweckt. Durch das Gewissen wächst der Mensch über seine leibliche Bindung hinaus in ein Geistiges hinein. Die Stimme des Gewissens korrigiert das menschliche Handeln. Durch den Laut I identifiziert sich der Mensch mit seinem Selbst, wir haben «die Befestigung unseres Geistigen in uns selbst»[23]. Als im Leibe auf der Erde inkarniertes Ich-Wesen kann der Mensch Erstaunen, Mitgefühl äußern und die Stimme des Gewissens hören.

Diese Kräfte werden in der Entwicklung der Menschheit nacheinander ergriffen. Mit dem Erscheinen des Christus auf Erden, mit seinem Tod und seiner Auferstehung wurde es dem Menschen erst möglich, diese drei Kräfte zu verinnerlichen und zu durchdringen.

Der Christus-Impuls bleibt mit der Seele verbunden. Die menschliche Wesenheit wird am Erdenziele eine voll ausgebildete Wesenheit sein, die dem Christus-Impuls entspricht. «Erstaunen und Verwunderung, das geht endlich an den Christus heran und bildet mit den Astralleib des Christus-Impulses. Und alles, was in den Menschenseelen Platz greift als Liebe und Mitleid, das bildet den ätherischen Leib des Christus-Impulses, und was als Gewissen in den Menschen lebt und sie beseelt, von dem Mysterium von Golgatha bis zum Erdenziele hin, das formt den physischen Leib oder das, was ihm entspricht, für den Christus-Impuls.»[24]

Es ist bemerkenswert, daß IAO als erste eurythmische Übung und Meditation, die Rudolf Steiner den Eurythmisten gab, wie auch 1924 im Ton-Eurythmie-Kurs[25] TAO als eurythmische Gestaltmeditation, im Aufbau und in der Lautfolge diesen drei Kräften des Erstaunens, der Liebe und des Gewissens entsprechen.

5.

Die sieben Metamorphose-Stufen der I A O - Übung

Die *I A O - Meditation*, in der sich der Mensch als Wortwesen mit seiner Gestalt in den Raum zwischen Himmel und Erde gestellt erlebt, ist ausführlich besprochen. Sie ist die Keimübung für eine Reihe von I A O - Metamorphosen in der Eurythmie, die sich von der Gestaltübung ins Seelische und Geistige der Zeitenfolge bis hin zum Kosmisch-Wesenhaften, Göttlichen entfaltet.

Die *zweite Stufe* ist die I A O - Übung, die die dreigegliederte Gestalt als Wohnung der Seele zum Inhalt hat.

Mit dem I richten wir uns auf und erleben insbesondere den durchlichteten Oberkörper und Kopf. Hinzu kommt ein Sprung in ein kräftiges breitbeiniges A, und den Ausgleich zu den Polen bilden die Arme mit dem O auf Herzhöhe. Einen Moment steht die Gestalt wie in einem Dreiklang da, bevor dieser in der umgekehrten Reihenfolge wieder aufgelöst wird: zuerst die O-Gebärde auflösen, dann den A-Sprung lösen, zuletzt den Kopf locker tragen. Danach wird die Übung mehrere Male wiederholt, immer in strenger Folge des Auf- und Abbaus und danach im Tempo gesteigert und wieder beruhigt. Es ist eine Übung der Inkarnation und der Harmonie des Seelischen im Leiblichen, daher in Pädagogik und Therapie vielfach verwendet.[26]

In der *dritten Stufe* tritt die Seele in Beziehung zur Welt. I A O als Haupt-Seelen-Laute erscheinen für Denken – Fühlen – Wollen in den entsprechenden Zonen und Form-Raum-Bewegungen. Die Seele nimmt die Gestalt zum Instrument und tritt in Funktion der Welt gegenüber.

Im Denken ist die Wahrnehmung der Welt Voraussetzung, das Wahrgenommene wird dann aufeinander bezogen, woraus dann ein

Begriff gebildet wird. Das A in der Denkzone vor dem Herzen, Kopf und Hände in Beziehung, so erscheint die Denkgebärde eurythmisch, da wir nur mit dem Herzen verstehen können.[27]

Dazu kommen als Raumformen geradlinige Wege, jeweils von mir zu einem Objekt, zu einem anderen und wieder zurück zum Verstehenden.

Im Fühlen ist das Atmen der Seele zur Welt und wieder zu sich in ständigem Wechsel. Das fühlende I wird sich hell erglänzend nach oben strecken, wenn Freude die Grundstimmung ist. Das I wird heruntersinken, wenn Trauer die Seele bedrückt. Der Blick geht mit dem I licht und hell nach oben, gedämpft nach unten. In den Raumformen mischt sich die gradlinige Bewegung im Raum mit der gebogenen, auch hier ein Herausatmen und Wieder-Zurückfließen zu sich.

Im Wollen tritt die Seele handelnd und wirksam in die Welt. Geformt und beherrscht greifen die Arme das O in der unteren Zone des Willens, der Blick ist frei nach außen gerichtet. Im Raum drückt sich der Wille in immer wieder sich rundenden Formbewegungen aus, das ist polar zum Denk-Ausdruck.

Es wird hier die dionysische Qualität der Seele nur im Zusammenhang mit den Lauten I A O betrachtet, alles zu beschreiben, was noch dazugehört, würde den Rahmen dieser Arbeit sprengen.

Wir hatten den Menschen als Wortwesen auf der Erde, dann die seelische Gliederung zusammen mit der Gestalt, in der dritten Stufe die Beziehung der Seele zur Welt als Metamorphosen-Schritt erfahren. Jetzt, in der *vierten Stufe,* tritt der Mensch als Seelen-Geist-Wesen in Beziehung zur dreifachen Zeitoffenbarung. Ganz in der Gegenwart stehend, aufrecht und die Arme vor sich in der Horizontalen ausgebreitet; ganz wach wird das I in der Gestalt und in der Gebärde bis zum Horizont gestreckt, im eigenen Kreuzungspunkt sich haltend.[28]

In die Vergangenheit taucht der Mensch, sich zusammenschiebend in der Gestalt, herunter zur Erde, sich dabei so aufrecht haltend wie möglich, mit den Armen im geöffneten A zur Erde hin aufnehmend das, was war.

Zur Zukunft streckt sich die Gestalt, sich scheinbar auseinanderziehend, geht auf die Zehenspitzen, mit der ganzen Willenskraft der Zukunft entgegen. Die Arme greifen mit der O-Gebärde nach oben über den Kopf hinaus, den herankommenden Zeitenstrom umfassend (oder mit U sich entgegenstreckend).

Mit der *fünften Stufe* der I AO - Metamorphose kommen wir in den Zeitenlauf der Menschheit durch Kulturepochen hindurch. Hier bewegt sich das Seelen-Geist-Wesen durch Inkarnationen hindurch und erlebt in immer neuen Bewußtseinsstufen die drei Hauptlaute.

Für die *dritte Kulturepoche* war es noch Mysterieninhalt, wie im Herannahen des Lichtätherleibes das J O A erlebt wurde.

«Dieses J O A, von dem wußte er, daß es regsam macht sein Ich, seinen astralischen Leib. J O – Ich, astralischer Leib, und das Herankommen des Lichtätherleibes in dem A – J O A. Jetzt fühlte er sich, indem vibrierte in ihm das J O A, jetzt fühlte er sich als Ich, als astralischen Leib, als ätherischen Leib.

Und dann war es, wie wenn von der Erde heraufklänge, denn der Mensch war versetzt in das Kosmische, wie wenn von der Erde heraufklänge dasjenige, was das J O A durchsetzte: eh – v. Das waren die Kräfte der Erde, die heraufkamen in dem eh – v.

Und nun fühlte er, in dem J e h O v A fühlte er den ganzen Menschen.»[29]

Aus dem Vorgeburtlichen fühlt der Mensch das Herannahen seines Wesens und von der Erde herauf zart konsonantisch das Leiberfüllende.

In der *vierten Kulturepoche* kommen wir zum Mysterium von Golgatha, das mitten zwischen der griechisch-römischen Kultur steht. Der Gottessohn, der Christus, das Sonnenwesen, verbindet sich mit seinem Leib mit der Erde. Aus dem J O A wird A I O – das Christuswesen zieht ein in die Menschen-Erdensphäre als kosmisches Logoswesen.

«Ich bin das Alpha und das Omega,
so spricht der Herr, unser Gott,
der und der war und der kommt,
der Gebieter des Alls.»[30]

Mit der *fünften Kulturepoche* kommen wir in unsere Zeit. Aus dem
Licht der Anthroposophie, aus der Bewußtseinsseelenlage, tritt jetzt
mit dem I A O der individuelle Mensch mit der Aufgabe, sich dem
Kosmos zuzuwenden. Das I A O wird zur Meditation des Schulungs-
weges, wie am Beginn der Ausführungen beschrieben, I A O wird zur
eurythmischen Meditation.

Entsprechend den drei Kulturepochen bewegt sich die Metamorphose wie durch die Trinität vom Vater-Gott zum Sohnes-Gott zum
Geist-Gott, vom J O A zum A I O zum I A O.

In zukünftigen Epochen wird es sich weiter metamorphosieren,
wohl auch in umgekehrter Folge erscheinen; die letzte Metamorphose
wird mit dem T A O zusammenfallen.

Mit der *sechsten Stufe* der I A O-Metamorphose kommen wir in
unserer Zeit in die geistige Ebene des objektiven *«Es»*.

Die Hauptübung der Schulung, wozu die begleitenden Nebenübungen gehören, verbinden die menschlichen Seelenkräfte mit denen des Kosmos: «Ich bin – Es denkt – Sie fühlt – Er will.»

Es denkt: das Weltendenken. – Sie fühlt: die Weltenseele. – Er will:
der Weltenwille.[31]

Zu den Seelenkräften gehören die Laute I A O: Denken – A, Fühlen – I, Wollen – O mit den dazugehörigen seelischen Zonen: Denken
– Mitte, Fühlen – oben, Wollen – unten.

Bei der Objektivierung des Denkens zum Weltendenken verändert
sich die Zone von der Mitte nach oben, aufnehmend in der Wahr-
heitszone mit A.

Bei der Objektivierung des Fühlens zum Weltenfühlen verändert
sich die Zone von oben in die Mitte mit I. Das I wird objektives Fühlen
im Umkreis und nimmt auf. Der größte Ausdruck der Liebe ist I in der
O-Zone. Es ist die Zone der Schönheit.

Bei der Objektivierung des Willens zum Weltenwillen bleibt die
untere Zone bestehen mit O. Aber der Weltenwille formt aus dem

Umkreis, so wie der Eigenwille aus dem Zentrum ansetzt. Es ist die Zone der Güte.

Das I A O bekommt hier durch die Zusammengehörigkeit der Laute mit Denken – Fühlen – Wollen durch die Objektivierung neue Zonen, die dann eben geistige Qualitäten ausdrücken können. Das ist für die Spruch-Sprache Rudolf Steiners eine Notwendigkeit.

Mit der *siebten Stufe* der I A O-Metamorphose schließt sich der Kreis. Der Mensch als Wortwesen verbindet sich mit dem Kosmos und der Trinität, wie es im Grundsteinspruch Rudolf Steiners zum Ausdruck kommt.[32]

Der erste Teil des Grundsteinspruches beginnt mit den Gliedern, der Willensregion, in der auch eurythmisiert wird. Aber sie wird bestimmt durch den Vatergott: «Denn es waltet der Vater-Geist der Höhen / In den Weltentiefen Sein-erzeugend.» Die erste Hierarchie, die Kräfte-Geister – «Lasset aus den Höhen erklingen, / Was in den Tiefen das Echo findet» – bestätigen die Wirkenszone.

Es wirkt aus den Höhen in den Tiefen, aus dem Kosmos auf der Erde durch den Menschen hindurch. Auf einmal wird das A in der unteren Zone der Laut, der die vatergöttliche Kraft aufnimmt.

Der zweite Teil des Grundsteinspruches beginnt mit dem «Herzens-Lungen-Schlage», der Fühlensregion, die durch den Umkreis bestimmt, objektiviert wird, und so in der Mitte auch eurythmisiert erscheint. Die Region wird bestimmt durch den Sohnes-Gott, den Christus: «Denn es waltet der Christus-Wille im Umkreis / In den Weltenrhythmen Seelen-begnadend.» Die zweite Hierarchie, die Lichtes-Geister – «Lasset vom Osten befeuern, / Was durch den Westen sich gestaltet» – betonen die Wirksamkeit im Umkreis. Sie wirken aus den Weiten des Umkreises kosmisch durch den Menschen hindurch.

Das I in der mittleren Zone wird ein freies Atmen mit dem Umkreis und ein eurythmisch ausgleichendes Bewegen: die Christuskraft, die frei den Menschen durchdringt im selbstlosen I.

Der dritte Teil des Grundsteinspruches beginnt mit dem ruhenden Haupte, der Denkregion, die durch das kosmische Licht die Weltengedanken erhält. So lebt auch hier objektiviert das Denken kosmisch offen, eurythmisch in der oberen Zone. Die Region wird bestimmt durch den Geistgott, der in den Weltengedanken waltet, «Im Weltenwesen Licht-erflehend» wirkt. Die dritte Hierarchie, die Seelen-Geister, «Lasset aus den Tiefen erbitten, was in den Höhen erhöret wird», bestimmen die Wirkenszone. Sie wirkt aus den Tiefen hinauf zu den Höhen, mit Hilfe der Engel durch den Menschen hinauf zum Kosmos. Hier erklingt die Lautkraft des O, in der Geistiges lebt, es wird in der oberen Zone eurythmisiert, in der Geist-Göttliches wirkt.

Es findet auf dieser Ebene also noch einmal eine Umstülpung zwischen Wille und Denken, zwischen O und A statt.

Auf dieser höchsten, objektivierten Stufe verbindet sich der Mensch wieder mit seinem göttlichen Ursprung.

Es soll noch darauf hingewiesen werden, daß die Laute I A O den ganzen Grundsteinspruch eurythmisch durchziehen. Bereits die Vortaktlaute sind I A O, und zwar auch noch gegenläufig zwischen der mittleren Figur und den fünf im Umkreis. Gegenläufig in der Lautfolge I A O – O A I und in den Zonen Oben – Mitte – Unten. Das wirkt ungeheuer aktivierend zwischen Unten–Oben beziehungsweise Oben–Unten, in der Mitte finden sich immer alle gemeinsam. Es spricht für sich, wenn dann die «Menschenseele» angerufen wird!

Im vierten Teil, in der Zeitenwende, Urweihnacht, eurythmisieren diejenigen, die im Text stehen und lauschen, immer I A O, mehrere Male hintereinander, in den Zonen, die dem Text entsprechen.

6.

IAO als Mitte-Übung kann zur Quelle
für die eurythmische Gestaltung der luziferischen
und ahrimanischen Wesenheiten werden

IAO als Keimübung und eurythmische Meditation ist gerade dadurch gekennzeichnet, daß durch die Lichtsäule des I, die durch alle drei Phasen der Übung getragen wird, der Übende in der Mitte als Ganzer angeschlossen ist. Im Neigen nach hinten im A, wie im Neigen nach vorn im O, fühlt sich der Übende durch die Lichtsäule gehalten. Nun ist es ein Charakteristikum der Gegenkräfte, daß sie in ihrer immerwährenden Gegenwärtigkeit unmittelbar eingreifen, wenn etwas aus dem Mitte-Bewußtsein herausfällt. Eine Unachtsamkeit während einer Aktivität, welcher Art auch immer, ruft eine oder auch beide direkt auf den Plan.

Der hohe Stellenwert der IAO-Übung wird noch einmal deutlich, wenn man die Übung bewußt einsetzt, um dadurch die Grundlage für die Gestaltung der luziferischen oder ahrimanischen Wesen zu erfahren:

Wir stellen uns in die I-Lichtsäule, neigen uns nach hinten ins A, halten uns dabei in der Lichtsäule und lassen diese dann plötzlich los, fühlen uns hilflos der A-Neigung überlassen und fallen nach hinten, können uns nur mit schnell gesetzten Schritten vor dem wirklichen Hinfallen bewahren. Dieses In-die-Schwere-Fallen im A ist genau die anfängliche Bewegungserfahrung für die Gestaltung der ahrimanischen Wesen. Wir ergreifen unser Instrument wie von außen geführt, beherrschen die Schwere und bewegen uns mit dem A nach unten, in den Ellbogengelenken gebrochen in der Gebärde. Es soll hier nicht weiter die Gestaltung der Wesen beschrieben, sondern nur auf diese Urerfahrung hingewiesen werden, die aus dem Umgehen mit der IAO-Übung kommt.

Wir stellen uns nun wieder in die I-Säule, neigen uns nach vorn ins O, halten uns dabei wieder in der Lichtsäule – erleben so stark wie möglich den erfüllten, gerundeten O-Raum vor uns – und lassen die Lichtsäule dann plötzlich los, fühlen uns von dem O-Raum aufgenommen, in ihn hineingesogen. Man wird das mehrere Male wiederholen müssen, bis es gelingt, im Nach-vorne-Fallen sich nicht von der Schwere mitnehmen zu lassen, die im O-Raum aufgehoben ist, aber natürlich physisch dennoch wirksam wird. Dieses Vom-O-Raum-Aufgenommenwerden ist genau die anfängliche Bewegungserfahrung für die Gestaltung der luziferischen Wesenheiten. Auch hier ergreifen wir unser Instrument wie von außen geführt und werden mit der entfallenden I-Kraft ins O hereingesogen. Das gebrochene I im O-Raum ist die Gebärde Luzifers. Läßt man sich vom hellen Rot noch in Bewegung und Umkreis inspirieren, verstärkt sich die Gebärde, das gleiche tut Grau bei Ahriman für die sachlich hart scheinende, gebrochene A-Gebärde.

Das gilt in erster Linie für das Entwickeln der ins Licht gesogenen und in die Schwere fallenden Gestalt mit der jeweils gebrochenen Gebärde. Der Schritt, die Formen, die Farben, die Fingerhaltungen, die Bewegungsgestaltung läßt sich entsprechend aus den Urelementen heraus aufbauen.

7.

TAO als Quelle
und eurythmische Meditation als Zukunftsaufgabe

TAO ist wohl das älteste Mysterienwort, das die Menschheit kennt. Es kommt herüber von Atlantis und schuf seitdem die Verbindung zu den Göttern. Es wird uns begleiten bis weit in die Zukunft.

Im Vortrag vom 16. November 1905, GA 54, spricht Rudolf Steiner über die Verbindung des Menschen mit den Göttern der schaffenden Vergangenheit, Gegenwart und Zukunft hinsichtlich des TAO:

«Das TAO drückt aus und drückte schon vor Jahrtausenden für einen großen Teil der Menschheit das Höchste aus, zu dem die Menschen aufsehen konnten, von dem sie sich dachten, daß die Welt, die ganze Menschheit einmal hinkommen werde, das Höchste, was der Mensch keimhaft in sich trägt und was einst als reife Blume aus der innersten menschlichen Natur sich entwickeln wird. Ein tiefer, verborgener Seelengrund und eine erhabene Zukunft zugleich bedeutet TAO.»[33]

Im Februar 1924, im Ton-Eurythmie-Kurs, gibt Rudolf Steiner die TAO-Übung, die er als ein «esoterisches Intermezzo», eine «eurythmische Meditation» bezeichnet.[34]

Rudolf Steiner beschreibt ausführlich, was zur Vorbereitung der Durchführung der Meditation gehört: die Ton-Intervallfolge, die zeitliche Bewegung und auch die Konkordanzlaute (zuerst kurz, am Ende langes Nachklingen). Die Töne H/A sollen zusammenklingen, dann E und D am Ende lang ausklingen lassen; als Intervallstufen wären das Sept/Sext, dann Terz und Sekunde lang. Der Sept/Sext entspricht von der Konkordanz her I/Ü, Terz – A, Sekunde – O. Statt I/Ü erscheint nun T, aus dem seelischen Reagieren wird der kosmische Einschlag vom *Löwen* kommend: T.

Hier vollzieht sich eine Umstülpung der IAO-Übung zum TAO. Es kommt hier wiederum hauptsächlich auf den lautlichen Aspekt an, das andere wird nur so weit beschrieben, wie es für den Zusammenhang erforderlich ist.

Bei Rudolf Steiners Schilderung bleibt offen, wie sich die Meditation daraus gestalten läßt, auch wenn es in der Tradition selbstverständlich erscheint, zur gespielten Tonfolge die Intervallgebärden zu bewegen und die Konkordanzlaute als TAO anzuschließen. Charakteristisch – wie bei allen eurythmischen Meditationen – ist, daß sie am stehenden Menschen durchgeführt werden. Rudolf Steiner nennt TAO «ein wunderbares Mittel ..., die innere Leiblichkeit geschmeidig, innerlich biegsam, künstlerisch gestaltbar für die Eurythmie zu machen»[35].

Im folgenden soll der Versuch gemacht werden, die TAO-Übung skizzenhaft als Meditationsübung zu beschreiben:

Wir gehen aus von der kosmischen Quelle, der Löwengebärde als Tierkreisgeste: das T erfolgt als seelische Reaktion: «bedeutsam von oben nach unten strahlen», «wie ein Blitz gewichtig einschlagen»[36].

Danach erklingen wie ein Erwachen der Seele musikalisch Septim/Sext und die dazugehörigen eurythmischen Intervallgebärden, die gehen über in die E/Terz-Ton/Intervallgebärde und konkordierende A-Gebärde; zum Schluß lang anhaltend D/Sekund-Ton/Intervallgebärde und konkordierende O-Gebärde. Das ganze Geschehen verschmilzt so zu einem «innerlich biegsam machenden» Prozeß. Ton/Intervallgebärden und Laut werden innerlich ergriffen und erscheinen als Einheit im Bewegungsablauf.

Wie schon beim IAO beschrieben, werden Gewissen, Staunen und Mitleid als Kräfte des Christus-Impulses innerlich urbildhaft mit anklingend erlebbar in der Meditation, wenn sie in dieser integrierten Form durchgeführt wird. Hier wird der wirkende T-Einschlag zum Wecker des Gewissens, dem musikalisch der Doppelklang Ausdruck gibt. Sich aufrichtend, sich zum Kosmos wendend mit der Tierkreisgebärde, wird dann der Gewissens-Einschlag aufgenommen. Jetzt folgt mit Terz und seelischer Mitte – Reaktion A, Staunen, und mit der Sekunde reagiert die Seele im O, sich liebevoll verbindend.

Mit dieser Meditation stellt sich der Übende in Verbindung mit seinem geistigen Ursprung aus den Quellen der Eurythmie und Anthroposophie. Hier liegt eine Aufgabe des Menschen für die Kultur der Gegenwart und der Zukunft. Das ist ein allgemein menschlicher Impuls, zu dem die Eurythmie Wesentliches beizutragen hat.

II.
Die eurythmischen Meditationen

8.

Die eurythmischen Meditationen

Wir kennen sieben eurythmische Meditationen, wobei Rudolf Steiner den Ausdruck wohl nur im Zusammenhang mit «Ich denke die Rede» und «TAO» verwendet. Übereinstimmend und kennzeichnend werden alle diese Übungen *stehend* ausgeführt. Die Konzentration richtet sich auf einen Bewegungsablauf, der einerseits gestaltbezogen ist und andererseits die Seele weitet, um sie in Beziehung zu bringen mit einem kosmischen Umkreis. Die meisten eurythmischen Meditationen verbinden Gestaltgeometrie mit Lautfolgen, die seelisch ergriffen werden wollen, oder aber mit einem begleitenden Text beziehungsweise einem Wort. In der Mitte der Reihe von sieben Übungen stehen die «Urfarbgesten» als Meditation am stehenden Menschen; hier wird die seelisch-moralische Kraft gefordert, die Gesten farbig zu erfüllen.

«Vita eurythmo-Geometrie» schreibt Rudolf Steiner als einen begeisterten Ausruf neben die Übung: «Wir suchen die Seele / Uns strahlt der Geist»[37]. Sie ist im strengen Sinne keine Meditation, aber der Zusammenhang der euklidischen Geometrie (Mittelpunkt–Umkreis-bestimmte Spirale) und der projektiven Geometrie (die Spirale als tangentiale Hüllkurve aus dem Umkreis bestimmt) macht eben erst die eurythmische Geometrie aus; das gilt auch für alle eurythmischen Meditationen mit ihrer Gestalt-Geometrie.

Bei allen Meditationen handelt es sich darum, durch seelische Konzentration und gestaltgerichtete Empfindung den Ätherleib für das Bewegungsinstrument zu sensibilisieren, geschmeidig zu machen, die Energiezentren zu wecken und den Übenden mit dem Lichtäther, dem Wärmeäther, dem chemischen Äther und Lebensäther zu ver-

41

binden. Jede Übung richtet sich auf eine oder mehrere Qualitäten, die durch praktisches Üben auch erfahren werden können. Dabei können wir uns Ätherisches nur über die Empfindung, also indirekt, zum bewußten Erleben bringen.

Die *erste Meditation* ist in jeder Beziehung die erste, sowohl eurythmisch-historisch als auch in der Reihe. Sie will den Ätherleib als geschlossene Ganzheit erleben lassen:

IAO.

Es ist der Weg der empfindenden Seele zum Geistigen durch die Gestalt! Die Gestalt steht wirklich im Mittelpunkt der Übung, die Arme ruhen verbunden an der Gestalt. Der sich aufrichtende Mensch ist das Entscheidende. Auf der Erde stehend verbindet er sich mit dem Licht über sich. Das Durchtragen der I-Säule vor der Gestalt ist wohl das Wichtigste. Die Konzentration richtet sich auf den Vorderfuß, das Brustbein und die Stirn. Hier verläuft der Fühlensmeridian der Chakras. Durch das Sonnengeflecht (zehnblättrige Lotosblume) zusammen mit dem Wurzel-Chakra (vierblättrige Lotosblume) überwinden wir die Erdenschwere, das Herz-Chakra (zwölfblättrige Lotosblume) wird berührt, und die Stirn (zweiblättrige Lotosblume) bildet das Haupt der Lichtsäule, in der der Übende mit dem Licht verbunden ist.

Der Ätherleib als ganze Hülle um die Gestalt wird angeregt, das Instrument gestimmt. Die Pause nach der Übung, im Lösen der Aufrechten, ist wichtig, um das Angeregte der Gestalt wie einzuprägen, die Energiequellen wieder zu schließen.

Da die Übung ausführlich dargestellt wurde, sei hier nur auf die meditative Quelle hingewiesen.

Die *zweite eurythmische Meditation* stammt ursprünglich, ähnlich wie die IAO-Übung, aus esoterischen Mysterienschulungen. Rudolf Steiner beschreibt sie in einem Vortrag über «Mysterienstätten des Mittelalters, Rosenkreuzertum und modernes Einweihungsprinzip»[38]:

«Licht strömt aufwärts,
Schwere lastet abwärts.»

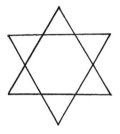

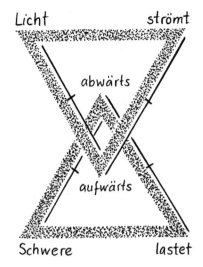

Die Übung wurde dann zur Gestalt-Übung in der Eurythmie, in der durch die Pole Licht und Schwere in der Gestaltmitte ein Freiraum entsteht, der als Quelle für alle menschliche Bewegung gilt. Das nach oben strebende Dreieck wird von der Gestaltmitte her mit den Armen nach oben gebildet mit der seelischen Erfüllung: «Licht strömt aufwärts». Diese Erfüllung muß aus dem Herzraum aktiv gewollt werden. Anschließend wird aus der Gestaltmitte herunter mit den Beinen das andere Dreieck gebildet werden, durch das das Gestaltgewicht auf der Erde lastet: «Schwere lastet abwärts». Werden beide Dreiecke durch die Gestalt exakt gleichschenklig und gleichzeitig durchgeführt mit der seelischen Erfüllung, stellt sich um das Sonnengeflecht herum dieser Freiraum empfindungsmäßig ein, der der Quellraum für alle Bewegungen ist. Die Verbindung der Gestalt mit Erde und Kosmos ist ähnlich der ersten Meditation, dennoch geschieht durch das polare Erfühlen der Gestalt etwas ganz anderes: dem Leib wird die Quelle des Lebens gegeben. Zwischen Licht und Schwere entsteht Wärme in der Mitte, in der geistlebendig die Gestalt erfaßt wird. Zwei Ebenen werden nämlich miteinander verbunden, die nicht Polaritäten voneinander sind: Licht – Dunkel und Leichte – Schwere werden zu Licht (kosmisch) – Schwere (irdisch). Das ist das Spannungsfeld, in dem auch die Pflanze wächst, die Lebensebene.

Als mittelalterliche Mysterienübung war es eine Gestalt-Skelett-Übung, in der der Tod durch die Knochen und das Leben als das Innere der Knochen erfahren werden sollte und dadurch als Weg in die geistige Welt hinein:

> «Schau den Knochenmann,
> Und du schaust den Tod.
> Schau ins Innere der Knochen,
> Und du schaust den Erwecker.»[39]

Auch hier knüpft Rudolf Steiner an die esoterische Tradition an und wendet die Übung um in eine zeitgemäße Form.

Als *dritte eurythmische Meditation* kommen wir zu einer Gestalt-meditation, die wiederum aus der Esoterischen Schule in die Eurythmie eingeflossen ist.[40] Aber auch in anderen Zusammenhängen sprach Rudolf Steiner darüber: «Das Pentagramm ist eine Wirklichkeit; es ist ein Bild für das Wirken von Strömungen, von Kräfteströmungen, die im Ätherleib des Menschen sich finden. Es geht eine gewisse Kräfteströmung beim Menschen vom linken Fuß hinauf

nach einem bestimmten Punkt des Kopfes, von da zum rechten Fuß, von da zur linken Hand, von da durch den Leib, durch das Herz zur rechten Hand, und von da zurück zum linken Fuß, so daß Sie in den Menschen hineinzeichnen können – in seinen Kopf, seine Arme, Hände, Beine, Füße – das Pentagramm.

Sie müssen sich das vorstellen als Kräftewirkung, nicht bloß als geometrische Figur. Im Ätherleib des Menschen haben Sie das Pentagramm. Die Kräftewirkungen folgen genau diesen Linien des Pentagramms. Die Linien können die mannigfaltigsten Verrenkungen eingehen, immer aber bleiben sie als Pentagramm dem menschlichen Körper eingezeichnet. Das Pentagramm ist eine ätherische Wirklichkeit, nicht ein Symbol, sondern eine Tatsache.»[41]

Das Pentagramm ist in allen Zeiten Ausdruck der harmonischen Verhältnisse (Goldener Schnitt) der menschlichen Gestalt in einer geschlossenen Figur mit dem Herzraum als Mitte erfahren worden. Kopfpunkt – beide Arme – beide Füße, diese fünf Gestalt-Enden bilden die Spitzen der geometrischen Figur. Schon Leonardo da Vinci verwendet das menschliche Pentagramm mit dem schmaleren Abstand zwischen den Füßen, die Hände sind auf der Höhe des Zwerchfells. Bei der Übung wird der Fünfstern, begleitet von seelisch zu erfüllenden Sätzen, nacheinander aufgebaut von den Füßen her, links – dann rechts, zu den Händen, in die man hineinschaut, links – dann rechts, hin zum Kopf, an den dann beide Hände geführt werden. Abgerundet wird die Übung mit gekreuzten Armen über dem Herzen, dem Ehrfurchts-E mit den beiden letzten Zeilen und der Empfindung: «Stärke fließt mir ins Herz».

Diese Gestaltgeometrie wird wiederum, deutlich durch seelische Aktivität erfüllt, verinnerlicht. Als Wirkung tritt eine Harmonisierung des Seelisch-Leiblichen ein – mit dem Ruhequell im Herzen:

«*Standhaft* stell ich mich ins Dasein
Sicher schreite ich die Lebensbahn
Liebe heg' ich im Wesenskern
Hoffnung leg' ich in jegliches Tun
Vertrauen präg' ich in alles Denken
Diese *Fünf* führen mich ans Ziel
Diese *Fünf* gaben mir das *Dasein*.»[42]

In einer Variante der Übung spielen die Farben eine Rolle, indem jede der fünf Qualitäten in einer Farbe zu erleben ist. Das Pentagramm entspricht den Strömungen im Ätherleib vom Kopf in die Füße, dann in die Hände durch das Herz[43]:

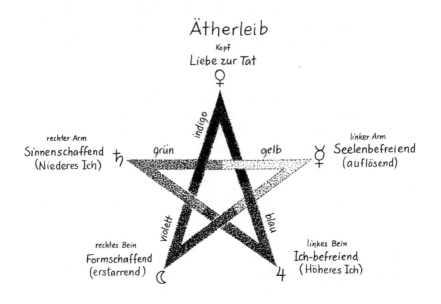

Ätherleib
Kopf
Liebe zur Tat
♀

rechter Arm
Sinnenschaffend
(Niederes Ich)
♄ grün

indigo

gelb ☿
linker Arm
Seelenbefreiend
(auflösend)

violett blau

rechtes Bein
Formschaffend
(erstarrend) ☾

linkes Bein
Ich-befreiend
(Höheres Ich) ♃

Die *vierte eurythmische Meditation* sind die Urfarbgesten am stehenden Menschen. Rudolf Steiner gibt diese Gebärden 1915.[44] Es sind Gesten, die wie Zeichen seelisch erfüllt werden wollen, wenn sie als Farbe erscheinen sollen. Jede Farbgeste trägt bereits die Beziehung zwischen Gestalt und umgebender Welt als Ausdruck in sich. Die sechs Grundfarben ergreifen alle Haupt-Chakras im Ätherischen und wirken daher ungeheuer belebend und sehr differenziert auf den ganzen Ätherleib. In der Reihenfolge der Farbgesten, wie sie Rudolf Steiner angibt, folgt jeweils eine Geste in Ruhe (Blau – Gelb – Rot) einer Gebärde in Bewegung (Grün – Orange – Violett).

Auch hier soll hauptsächlich beschrieben werden, was gerade die eurythmische Meditation ausmacht. Die genauen Farbangaben kann man auch nachlesen in dem Buch von Hildegard Bittorf[45]. An der aufrecht stehenden Gestalt führt der rechte Arm die Farbgesten aus.

Wir beginnen mit *Blau* als Hülle seitlich mit gebogenem Arm zum Leib hin; der Zwischenraum füllt sich empfindungsmäßig zwischen Gestalt und Arm. Vom Herzraum (zwölfblättrige Lotosblume) angesetzt wird die ätherische Bewegungsquelle im Sonnengeflecht (zehnblättrige Lotosblume) erwärmt und umhüllt.

Das *Grün* erscheint bewegt in der Horizontebene mit gestrecktem Arm vor sich zur Seite nach außen und zurück. Die seelische Mitte als Quell aller Farbgesten ist in Ruhe, nimmt diese weite und zugleich begrenzte Gebärde empfindend wahr. Vom Herzraum intendiert ist gerade das Grün in der Gebärde im Schultergürtel-Bereich, dort, wo sich das Bewegungsinstrument in die physisch-sinnliche Welt stellt, wie beim ersten Stand von «Ich denke die Rede».

Mit *Gelb* kommen wir zu einer vom Herzen impulsierten und zugleich durch das Herz hindurch impulsierten, gestreckten Geste nach vorn–oben. Die Geste stellt sich in gestreckter Ruhe dar und muß von innen immer neu erfüllt werden. Wiederum ist das Herz die Quelle der Geste, führt aber hier ins Licht hinein, berührt die oberen Chakras.

Das *Orange* flammt aktiv heraus nach oben–vorn vom Herzen aus in raschem Tempo, kehrt aber als Gebärde von außen aufnehmend in Ruhe wieder zurück zum Herzen. Es ist wie ein enthusiastisches Heraussprechen und ein aufmerksames lauschendes Gestalten im Zurücknehmen. Hier wird besonders atmend das Herz-Chakra erlebbar.

Das *Rot* greift als Gebärde vom Herzen herauf über den Kopf mit offenem Handteller zum Himmel. Der Übende fühlt die Kraft durch die ganze Gestalt bis in die Füße strömen. Das Rot erscheint als Kapitell und Sockel der aufrechten Säule. Das Scheitel-Chakra (tausendblättrige Lotosblume) ist angesprochen vom Herzen ausgehend und wird zurückgeführt zum Wurzel-Chakra (vierblättrige Lotosblume). Es ist eine starke, ruhige Geste.

Das *Violett* setzt mit seiner Gebärde oben an und folgt dem fallenden Arm, das Gewicht des Armes empfindend und zugleich dadurch die Schwere beherrschend. Wie ein ruhiges Pendel schwingt die Gebärde nach. Hier wird die Gebärde nur mit dem empfundenen Eigengewicht gestaltet, ohne eigene Initiative. Vom Herzen her wird empfindend wahrgenommen, wie die Bewegung Schwere-erfüllt ist.

Wieder ist es das Herz-Chakra, was engagiert ist, aber über das Sonnengeflecht bis hinunter zum Wurzel-Chakra ist alles einbezogen (von der zwölfblättrigen zur zehnblättrigen zur vierblättrigen Lotosblume).

Es sind die Urfarbgesten, am stehenden Menschen ausgeführt, die eurythmische Meditation, die ganz ausschließlich vom Herz-Chakra ausgeht, es immer wieder neu belebt und Farbgeste für Farbgeste die anderen Chakras miteinbezieht. Die Beseelung des Ätherleibes auf ganz differenzierte Weise durch die strengen Gesten und Gebärden vollzieht sich.

Die *fünfte eurythmische Meditation* ist die erste und einzige Wort-Meditation, in der das Wort eurythmisiert wird, das erste Wort, welches die Eurythmie historisch kennt. Die Lautentfaltung wird zum Prozeß, der die ganze Gestalt ergreift und bereitet, um sich zu öffnen zum Kosmos hin:

Hallelujah.

Rudolf Steiner begleitet diesen Jubelruf mit den Worten: «Ich reinige mich von allem, was mich am Anblick des Höchsten hindert.»[46]

Hier ist die Übung nur stehend gemeint; sowie sie im Raum bewegt wird, verändert sich der Charakter, «er wird bacchantisch»!

Mit dem H befreit und öffnet sich die Seele, um im A staunend das göttliche Licht aufzunehmen. Mit dem siebenfach wachsenden L geschieht der eigentliche Prozeß der Reinigung, der durch die ganze Gestalt hindurchgeht, um das Sonnengeflecht herum beginnt und am Schluß die Gesamtgestalt umströmt. Im E befestigt sich der Prozeß und wird ichverbunden der Gestalt eingeprägt. Die nächsten drei großen L-Gebärden läutern die menschlichen Hüllen. Mit dem U tritt die Verbrüderung mit dem Geistigen ein. Das I/J führt jubelnd befreit ins A, geöffnet zum Himmel, und das H holt das Geistige kraftvoll heran, womit sich der Übende durchdrungen fühlen darf. Der Prozeß geht von der Schwere ins Licht, erfüllt sich mit Licht und Wärme, den Ätherleib läuternd und die Seele klärend. Die wachsenden L lassen den Ätherleib erblühend die Gestalt durchströmen.

In dieser Übung wird der Weg vom Zentrum zum Umkreis als Prozeß das Entscheidende, sie befestigt den Ätherleib.

Eine andere Übung gehört noch hierher, wo Zentrum und Peripherie qualitativ in plötzlichem Austausch erlebt werden. Die Übung stammt als Meditation aus dem Heilpädagogischen Kurs Rudolf Steiners: «In mir ist Gott» (am Morgen) und «Ich bin in Gott» (am Abend).[47]

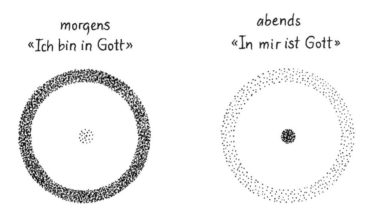

Abends erlebt sich die Seele im gelben Umkreis und in sich ruhend das blaue Zentrum.

Morgens erlebt sich die Seele im gelben Zentrum und um sich die blaue Hülle als Vertrauen und Kraftquelle.

Die Seele konzentriert sich identifizierend mit dem Gelb einmal auf das Zentrum und erlebt im Blau das göttliche Licht als Geborgenheit um sich herum, das andere Mal auf die Umgebung in Gelb und erlebt im Blau das göttliche Licht in sich. Hier fühlt sich die Seele frei von Schweregebundenheit und der sinnlichen Welt, ganz in einem inneren seelisch-geistigen Raum. Vom Herz-Chakra her weitet sich die Seele atmend im Wechsel zwischen Zentrum und Umkreis. Die Übung eurythmisch als Gegenbewegung aus dem Ballen–Spreizen allein gemacht (gegenläufig Gestalt und Gebärde), kräftigt und erfüllt die Seele mit Vertrauen und Ruhe. Der Ätherleib webt als Ganzheit die Gestalt durchlichtend, gesundend, stärkend.

49

Die *sechste eurythmische Meditation* ist wohl die in der Eurythmie am meisten geübte. Auch hier knüpft Rudolf Steiner an die esoterische Tradition an. Er übernimmt die Gestaltübung von *Agrippa von Nettesheim,* verändert die Folge und macht sie dadurch zeitgemäß wirksam. Später fügt er noch den Text für die sechs Stellungen hinzu:

«Ich denke die Rede
Ich rede
Ich habe geredet
Ich suche mich im Geiste
Ich fühle mich in mir
Ich bin auf dem Weg zum Geiste (zu mir).»[48]

Die Übung ist ausführlich bearbeitet in «Ich denke die Rede»[49] und als zentrale Übung in «Zur Belebung des Herzchakra» von Florin[50].

Es soll hier nur wieder der Aspekt der Meditation besprochen werden. Diese Gestaltübung spricht den Menschen in seinen Hüllen an, indem sich die Verwandlung vom Ich her von Stellung zu Stellung vollzieht, um den höheren Menschen – Lebensgeist auf Geistselbst-Stufe –, den Engel-Menschen, der, im Kosmos stehend, sich halten kann, zu entwickeln. Das ist die den Eurythmisten täglich begleitende Übung zur Entwicklung seines eurythmischen Bewegungsinstrumentes. Hier wird urbildhaft die Ebene gezeigt, in der der Mensch zukünftig die volle Entfaltung der Eurythmie erreichen kann.

Alle Chakras werden im Verlauf der Übung angesprochen. Immer ist das Ich durch das Herz-Chakra (zwölfblättrige Lotosblume) die Quelle der eurythmischen Meditation.

Im *ersten Stand* wird das physische Instrument im Raum erfahren, der Kreuzungspunkt liegt im Bereich des Schultergürtels. Der aufrechte Mensch erhebt sich über die Schwere der Erde. Das Wurzel-Chakra (vierblättrige Lotosblume) ist angesprochen.

Im *zweiten Stand* wird der Ätherleib der Führer der Bewegung, der Kehlkopf wird die obere Begrenzung des mit der Bewegung sprechenden Atemmenschen (sechzehnblättrige Lotosblume).

Im *dritten Stand* wird die Bewegung von der Seele her geführt, die untere Grenze des Zwerchfells ist angesprochen, das Herz-Chakra (zwölfblättrige Lotosblume) ist Mittelpunkt.

Im *vierten Stand* ergreift das Ich den Willen über die ätherische Bewegungsmitte (zehnblättrige Lotosblume). Der ichgeführte Sprachmensch wird geboren. Die Seele atmet frei in den Kosmos hinaus nach oben wie nach unten durch die Erde.

Im *fünften Stand* wird der höhere Mensch geboren. Das Ich führt die Seele aus dem Kosmos wieder an die Gestalt heran. Das Scheitel-Chakra (tausendblättrige Lotosblume) wird berührt. Das höhere Ich wird Quelle für die aus geistig-seelischen Gesetzen geführten Bewegungen.

Im *sechsten Stand* steht der ätherische Mensch dem Ich als Instrument voll zur Verfügung. Frei kann aus dem geistigen Tableau eurythmisch gestaltet werden. Die ätherischen Gesetze sind beherrschte Grundlage geworden. Der ganze Ätherleib mit allen Energiezentren ist durchgearbeitet. Wenn das in der Zukunft erreicht wird, wird erst die Eurythmie zu ihrer vollen Entfaltung gekommen sein.

Wir können erleben, daß gerade die «Ich denke die Rede»-Meditation zu einer Art Leitsatz-Übung der eurythmischen Schulung wird. Das eurythmische Instrument wird geschult und in Stufen vorbereitet. Die Qualität der Bewegung, die vom Zentrum geführt beginnt, entwickelt sich zu einer Stufe, in der aus einem höheren Bewußtsein der Umkreis für das eurythmische Gestalten bestimmend wird.

Die *siebente eurythmische Meditation* ist eine musikalisch-sprachliche, die Rudolf Steiner 1924 als «esoterisches Intermezzo» gibt[51]:

TAO.

TAO als wohl ältestes Mysterienwort beinhaltete schon immer die unmittelbare Beziehung des Menschen zu den Göttern. Rudolf Steiner macht auch hieraus eine zeitgemäße eurythmische Meditation, die uns bis weit in die Zukunft begleiten wird. Die Übung in ihrem Aufbau, ihrem Zusammenhang mit I AO und den Kräften des

Christus-Impulses, Staunen, Mitleid und Gewissen, sind bereits dargestellt. TAO gehört aber als eurythmische Meditation an das Ende der Reihe der Meditationen.

Die schaffenden Kräfte der Vergangenheit, der Gegenwart und der Zukunft leben in dieser Übung. Musik und Sprache werden durch Ton-Intervall und Vokal integriert ergriffen. Aus dem Umkreis, aus dem Kosmos greift die Übung ins Seelische ein und führt die Bewegung. Sie stimmt das Instrument, macht das gestaltende Bewegen geschmeidig.

Vom Scheitel-Chakra (tausendblättrige Lotosblume) ins Herz-Chakra (zwölfblättrige Lotosblume) herein wird die Seele geweckt und reagiert staunend und mitfühlend bis ins Sonnengeflecht (zehnblättrige Lotosblume) durch die Gebärden. Licht und Wärme durchklingen den Ätherleib.

Es mag deutlich geworden sein, daß alle eurythmischen Meditationen eine esoterische Quelle und Mysterienvergangenheit haben, an die Rudolf Steiner anknüpft; die Übungen werden von ihm neu geformt für die Gegenwart. Es gibt nur eine Ausnahme – die Urfarbgesten, die einen direkten Zusammenhang mit den Tierkreisgesten haben –, die unmittelbar aus Rudolf Steiners Forschung hervorgegangen ist.

Alle Meditationen haben ihre Quelle im Herzraum und wollen von dort aus wirksam werden in der vielfältigsten Weise, damit der Engelmensch, der Äthermensch, geboren werden kann. Die Gesetze des Ätherischen müssen an die Stelle der physischen Gesetze treten. Da hat die Eurythmie ihre Kulturaufgabe.

9.

Zur Eurythmie-Meditation

Am Ende der Vorträge über «Eurythmie als sichtbare Sprache» gibt Rudolf Steiner eine Meditation für die Eurythmie.[52] Er führt diese mit einigen Sätzen ein: «Auch beim Eurythmisten kann es sich nur darum handeln, daß er durch immer wiederkehrendes Erwecken einer gewissen Seelenstimmung sich empfänglich macht für das Fühlen und Empfinden der ausdrucksvollen Gebärden. Und da kann es sich darum handeln, daß durch eine auf die Geheimnisse der menschlichen Organisation gehende Meditation der Eurythmist gerade in dieses feine Empfinden hineinkommt …

Haben Sie solch eine Meditation gemacht, dann werden Sie sehen, daß Sie das von sich sagen können: Sie sind wie aus dem Weltenschlaf ins Himmlische der Eurythmie aufgewacht.»

«Ich suche im Innern
Der schaffenden Kräfte Wirken,
Der schaffenden Mächte Leben.
Es sagt mir
Der Erde Schweremacht
Durch meiner Füße Wort,
Es sagt mir
Der Lüfte Formgewalt
Durch meiner Hände Singen,
Es sagt mir
Des Himmels Lichteskraft
Durch meines Hauptes Sinnen,
Wie die Welt im Menschen
Spricht, singt, sinnt.

Wir begegnen einem klar gegliederten Bau des Mantrams mit drei Zeilen einleitender Eröffnung, dem dreimal wiederholten «Es sagt mir», das den ganzen dreigliedrigen Menschen umfaßt, und den abschließenden, zusammenfassenden zwei Zeilen. Bei diesem Dreischlag tritt uns als Weg durch das Ganze entgegen: Auszugehen von mir aus, vom «Ich suche im Innern», um zum dreimaligen «Es sagt mir» zu kommen als einer kosmischen Antwort und am Schluß die Verbindung zu erfahren «Wie die Welt im Menschen / Spricht, singt, sinnt». Meine eigene Aktivität richtet sich suchend «auf die Geheimnisse der menschlichen Organisation», und es kommt mir aus dem Umkreis entgegen mit dem objektiven «Es», wie ich in meinem Leib dreifach differenziert in der Welt stehe und wie diese kosmisch gestaltende Welt mir offenbart: Sprechen, Singen, Sinnen. Durch meine Gestalt hindurch wirkt durch das «Es» der Weltenwille, das Weltenfühlen und das Weltendenken.

Durch die Erdenschwere, «der Erde Schweremacht», ergreife ich räumlich-zeitlich durch meine erdverbundenen Glieder, *«im Überwinden»*[53] der Schwere mich bewegend, mein eurythmisches Sprechen.

Durch die Formkraft der Luft, «der Lüfte Formgewalt», erlebe ich seelisch durch meine Arme als freie Gebärdenorgane *«im Verhältnis zur»*[54] Luft, gebärdenschaffend, mein eurythmisches Singen.

Durch das kosmische Licht, «des Himmels Lichteskraft», erfasse ich überwach-bewußt durch meine Sinne und mein Sinnen die Gestaltungskraft, *«im Hinblick auf»* das Bewußtseinslicht der Intuition, mein eurythmisches Gestalten.

Es handelt sich dabei um die Eurythmie als Ganzes, nicht unterschieden in Laut- und Toneurythmie. Der «Füße Wort» offenbart im schreitenden Bewegen durch den Raum das zeitliche Bewegen der Zeitgestalten in Sprache und Musik. Der «Hände Singen» offenbart in fließenden Gebärdengestalten das seelisch erfüllte, eurythmische Sprechen und Singen. Des «Hauptes Sinnen» offenbart das Gestalten aus dem Tableau einer Ganzheit in Sprache oder Musik in der Eurythmie.

«Im Überwinden von ...» ist das Schlüsselwort für alles Gestalten aus dem Widerstand der Schwere unseres Bewegungsinstrumentes.

«Im Verhältnis zu …» ist das Schlüsselwort für alles künstlerische Gestalten «der ausdrucksvollen Gebärden» zu einem künstlerischen Zusammenhang.

«Im Hinblick auf …» ist das Schlüsselwort für alles Gestalten zu einer künstlerisch ausgewogenen Ganzheit.

Die Sprache des Willens

Auf einem Notizblatt nennt Rudolf Steiner

die Sprache der Vorstellung $\rightarrow$ Lautsprache,
die Sprache des Gefühls $\rightarrow$ Musik,
die Sprache des Willens $\rightarrow$ Eurythmie.

Die Sprache des Willens bezieht sich auf den Bewegungsmenschen als Willensausdruck. Bei der Eurythmie haben wir es mit der bewußt beseelten Bewegung zu tun. Sie ist dort beheimatet, wo das Tages-Ich die Schwelle zu einem überwachen Tableau-Bewußtsein überschreitet, zu einem imaginativen Bewußtsein, aus dem heraus gehandelt, gestaltet, bewegt werden kann. Es ist vielleicht hilfreich, an dieser Stelle zwei Situationen heranzuziehen, in denen Rudolf Steiner über die menschliche Bewegung als Willensäußerung spricht, die der Mensch von außen, vom Umkreis her ichhaft impulsiert.

«Im Wollen komme ich außerhalb meines Leibes, und durch Kräfte, die außerhalb meiner liegen, bewege ich mich … Man hebt das Bein nicht durch Kräfte, die im Innern sind, sondern man hebt das Bein durch Kräfte, die tatsächlich von außerhalb wirken, ebenso den Arm … Wir versenken uns in die Welt, wir geben uns an die Welt hin, indem wir wollen.»[55]

Als die Eurythmie als Schicksalsgabe an die Erdenpforte anklopft, aber noch nicht eingelassen wird, findet ein Gespräch statt, das Rudolf Steiner nach einem Vortrag in Berlin, im Oktober 1908, mit Margarita Woloschin über den Rhythmus der Himmelskörper und den Rhythmus der Leibesglieder hat. Er sagt zu ihr: «In Ihrem Tanz ist ein selbständiger Rhythmus. Der Tanz ist eine Bewegung, in der das Zentrum außerhalb des Menschen ist. Der Rhythmus des Tanzes steigt zu den fernsten Weltenzeiten, zu dem Zustand der Dauer vor dem Saturn …»[56]

In der Meditation differenziert Rudolf Steiner diese aus dem Umkreis wirkende Kraft. Sie wirkt durch die Erdenschwere von unten, durch die Formgewalt der Luft aus dem Umkreis, durch die Lichteskraft von oben durch die menschliche Gestalt. Es entsteht vor uns das Bild der schon besprochenen Meditation «Licht strömt aufwärts, Schwere lastet abwärts»[57].

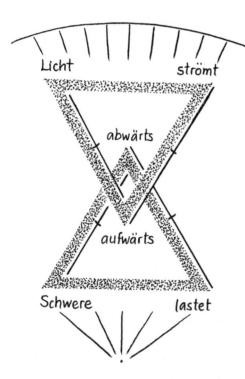

Licht
Licht strömt aufwärts
in die Peripherie,
dem himmlischen Licht
entgegen.

Wärme
Wärme bildet sich
zwischen den Polen
als Freiraum
der Bewegung
in der Gestalt.

Schwere
Schwere lastet abwärts
in das Zentrum der
Erde;
im Widerstand erhebt
sich die Aufrichtekraft
des Menschen.

Das ist der mikrokosmische Aspekt, an dem sich das Kräftewirken aus der Welt an der menschlichen Gestalt zeigt. Makrokosmisch erklingen in der Ätherwelt Höhe und Tiefe zusammen mit dem Umkreis.

Höhe

Mit der Höhe, dem Himmel, klingen die
Kräfte der Höhe, des Lichtes, zusammen.

Umkreis

Mit dem Umkreis, der Weite, wirken die
Kräfte des Umkreises, der Wärme,
zusammen.

Tiefe

Mit der Tiefe, der Erdenmitte, klingen die
Kräfte der Erde, der Schwere, zusammen.

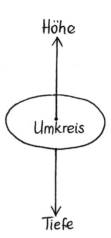

In diesen ätherischen Dimensionen urständet die Eurythmie, sie erscheint nur durch das Leibesinstrument im dreidimensionalen Raum.

Die Urgebärde des Menschen, das Ballen und Spreizen, das Lachen
und Weinen im Bewegungsausdruck, offenbart sich in drei Urphä-
nomenen, die zusammenklingen mit der Dreiheit der Meditation.

Der Lebensatem, als reine Willensäußerung zwischen Impuls und
fertiger Gestalt, lebt in der «Füße Wort». Der Lebensatem verbindet
den Leib mit dem Leben, das Gewordene mit dem Werdenden, in der
ausdrucksvollen Gebärde.

Der Wärmeatem, als Ausdruck des Fühlens, atmend zwischen Wär-
meverbundenheit und Kälte-Isolation, in der ausdrucksvollen Gebärde, gehört zu der «Hände Singen». Der Wärmeatem verbindet das
Leben mit der Seele, die beseelte Bewegung entsteht als Sphäre um
die Gestalt.

Der Lichtatem, als Erscheinen der Gebärde in einer Zone, atmet
zwischen Licht und Finsternis, Freude und Schmerz, Wahrheit und
Güte, zeigt des «Hauptes Sinnen». Der Lichtatem verbindet die Seele
mit dem Geistigen, der Intention in der Bewegung.

Der Lichtatem zwischen Himmel und Erde: da urständet die
eurythmische Bewegung in der Intention. Sie erscheint in der Aus-
einandersetzung mit der Erde Schweremacht im Lebensatem als

Zone an der menschlichen Gestalt. Im Wärmeatem lebt die Verbindung mit dem Weltenumkreis.[58]

Zwischen Licht und Erde richtet sich der Mensch auf, beginnt er zu gehen, kann die Bewegung fühlend beseelen und lernt sein Bewegungsinstrument durchlässig zu machen. Das Widerlager der Erde, der Erde Schweremacht sind notwendig, um diese menschlichen Fähigkeiten zu entwickeln.

Das Ich ergreift mit dem Lebensatem den Willen, die verdichtende oder befreiende Bewegung, es nimmt mit der Willensrichtung über den Ätherleib den physischen Leib mit. Es sind die Kräfte des Lebens, die die lebendige Bewegung als aus dem Licht, der Intention geführte Bewegung erscheinen lassen. Mit dem Wärmeatem wird die Bewegung erst zur beseelten Gebärde, sucht die Verbindung mit der Welt in der farbigen Stimmung, dem Berührtwerden von etwas.

Mit dem Dreiklang der Meditation werden auch die drei Kunstmittel, wie sie von Rudolf Steiner für den Laut beschrieben sind, angesprochen:

Zu der «Füße Wort» gehört die «Bewegung, die Seelisches trägt».

Zu der «Hände Singen» fügt sich das «Gefühl, an der Außenwelt empfunden».

Zu des «Hauptes Sinnen» bildet der «Charakter, von innen nach außen geoffenbart», die ganze Geste in der Erscheinung.[59]

Ein letzter Hinweis hinsichtlich der Dreiheit in der Meditation sei noch angeführt. Er betrifft die drei Hauptbewegungsquellen des Menschen:

Alle Bewegungen haben ihren Quell im Sonnengeflecht, dem Zentrum des vegetativen Nervensystems, unserem Ich im Wollen.

Alle beseelten Bewegungen haben ihren Quell im Herzraum, im Zentrum des Ich-Gefühls.

Alle intentionale Gestaltung hat ihren Quell im Umkreis des Stirn-Chakra, im Ich-Gedankenpunkt.[60]

Der Zusammenhang mit den Chakras ist schon vorher bei den eurythmischen Meditationen dargestellt worden. Mit dem Sonnengeflecht, der zehnblättrigen Lotosblume, verbindet sich das Wurzel-Chakra, die vierblättrige Lotosblume. Mit dem Herzraum verbindet sich die zwölfblättrige Lotosblume und mit der Stirn die zweiblättrige.

Durch den ätherischen Kosmos, Höhen, Tiefen und Umkreis, sprechen wirksame Kräfte alles durchwebend zum Menschen durch sein Bewegungsinstrument, und es entsteht das bewegte Bild des Wortes. Der Mensch als Wortwesen, geschaffen nach göttlichen Wortkräften, kann dadurch beseelt die Bewegung sprechen und singen lassen. Er befreit aus sich die Wortkräfte und läßt sie erscheinen durch die ätherischen Gesetzmäßigkeiten *durch* und *an* der sichtbaren Bewegung.

«Der schaffenden Kräfte Wirken» und «der schaffenden Mächte Leben» sind die Offenbarungen, die «ich in meinem Innern suche»! So beginnt die Eurythmie-Meditation.

Wer sind diese Kräfte und Mächte? Wesen, die durch Tierkreis und Planeten hindurch wirksam sind und den Menschen als Wortwesen gestalten. Es ist das Wirken der Logoskräfte im Ätherischen. Das Sonnengeheimnis wird offenbar durch die bewegten ätherischen Gesetze in der beseelten, eurythmischen Bewegung.

Rudolf Steiner faßt diesen Werdegang in die folgenden Worte: «Das Bestreben bestand, der Menschheit etwas zu geben, was – ich möchte sagen – auch schon äußerlich die Evolution, den Sinn und den Geist der Evolution zeigt. Das konnte man nur, wenn man klar sich war darüber, daß wir in der Welt, im unmittelbaren Leben auch in einer Welt der Formen leben, und daß das Vorwärtsschreiten ein Hineindringen in die Welt der Bewegung ist. Die Welt der Formen beherrscht den physischen Leib, die Welt der Bewegung beherrscht den Ätherleib. Es müssen nun gefunden werden die Bewegungen, die dem Ätherleib eingeboren sind. Es muß der Mensch angeleitet werden, dasjenige in Gesten, in Bewegungen des physischen Leibes zum Ausdruck zu bringen, was dem Ätherleib natürlich ist ... Das wird versucht in der Eurythmie. Es wird sich herausstellen, daß der Mensch wirklich ein Zwischenglied ist zwischen den kosmischen Buchstaben, den kosmischen Lauten und dem, was wir gebrauchen in den menschlichen Lauten und Buchstaben in unseren Dichtungen. Eine neue Kunst wird entstehen in der Eurythmie. Diese Kunst ist für jeden

Menschen. Und man möchte, daß ergriffen würde die Menschheit von Verständnis für diese Kunst … Kurz, man kann Eurythmie definieren als die Erfüllung desjenigen, was nach seinen natürlichen Gesetzen des Menschen Ätherleib verlangt … Daher ist wirklich in dieser Eurythmie etwas gegeben, was zu unserem geistigen Leben dazu gehört, und was aus seiner Ganzheit heraus gedacht ist.»[61]

Wirksame Kräftewesen werden angesprochen im Beginne der Meditation. Kräftegeister sind die Wesen der ersten Hierarchie, die hier angesprochen werden, die aus dem Kosmos hereinwirken in den Menschen und zusammen mit den Urkräften, den Archai, aus der dritten Hierarchie, dem Menschen seine Aufrechte möglich machen. Die schaffenden Mächte sind Wesen der zweiten Hierarchie. Die Dynamis, Geister der Bewegung, helfen dem Menschen im Gehen, im Bewegen. Die Gewalten, die Exusiai, die Brüder der Kunst, wirken in Luft und Atem, in der Sprache, in der Gebärde. Die Kyriotetes, die Geister des Lichtes, wirken die Ganzheit ergreifend durch den Menschen. Die Götter helfen dem Menschen, sich aufzurichten, sich zu bewegen, aber er selber muß bauen am neuen Menschen, dem ätherischen Menschen.

Ich bin Instrument für die im Ätherischen webenden Logoskräfte. Das ist das Sonnengeheimnis: nicht ich, aber der Christus in mir.

10.

Die drei eurythmischen Urschlüssel-Gebärden

Es gibt im Reich der bewegten Formen und Gebärden Urformen oder Urgebärden, die einerseits Keim für eine Fülle von da heraus sich entwickelnden eurythmischen Elementen und andererseits die umfassende Kraftquelle sind, an der alles Bewegen sich qualitativ orientiert.

«Durch meiner Füße Wort ...»
Für die Welt der *Formen* ist das der *Strahl und die Spirale*. Aus diesem polaren Paar entstehen alle Formgestalten.

«Durch meiner Hände Singen ...»
Für die Welt der *Gebärden* ist das das *Ballen und Spreizen*, Beugen und Strecken oder Lachen und Weinen, aus dieser Urgebärde entstehen alle Gebärden.

«Durch meines Hauptes Sinnen ...»
Die dritte Urkraft läßt sich nur mittelbar fassen, es ist die Ichkraft, die die Pole miteinander verbindet, die sie erscheinen lassen kann, als wären die Bewegungen bereits ätherisch-geistig im Physischen, die Kraft, mit der wir die Schwelle überschreiten können, um die Bewegung eurythmisch erscheinen zu lassen. Im Überschreiten der Brücke vom «Hier» zum «Dort» finden wir die eurythmische Gestaltung. – Es ist die *Umstülpung des Mittelpunktes zum Umkreis* – von der Peripherie zum Punkt.

Wenn hier beispielhaft etwas angeschlossen wird, um eine Schlüsselübung konkret werden zu lassen, so geschieht das, um innere Maßstäbe, Hilfen für das eurythmische Tun, Kriterien für die eigene Beurteilung zu bekommen, und zwar nach der Methode Goethes: «Ich raste nicht, bis ich einen prägnanten Punkt finde, von dem sich vieles ableiten läßt.»

Wir beginnen mit der dritten Urkraft: Mittelpunkt – Umkreis

Der *Kreis* ist eurythmisch-geometrisch Bild für das Ich. Im Tagesbewußtsein erleben wir uns wach in unserem Leib, im Nachtbewußtsein breiten wir uns seelisch-geistig in den Umkreis aus im Schlaf. Das Ich ist ein Doppelwesen, das im Mittelpunktsdasein intentional wach ist und das im Umkreisbewußtsein als höheres Ich intentionslos, aber inhaltsvoll ist. Anhand dieses Urbildes lassen sich eine Reihe eurythmischer Elemente üben, die das Zentrum-Peripherie-Geschehen als Ich-Atem zum Inhalt haben. Dabei wird einerseits der Übergang zu einem zarten Erwachen im Umkreis und andererseits ein Durchlichten des Bewegungsmenschen geübt. Dieser gestaltende Ich-Atem lebt sowohl in den Formen als auch in den Gebärden, durchdringt alles, oder auch: faßt die anderen Bereiche zusammen.

Schreiten zwischen hinten – oben und vorne – unten durch die Gestalt muß die Intention in beiden Richtungen sichtbar werden, herunter und ansteigend herauf bewegend. Dabei werden die drei Bewegungsquellen aktiv im Bewegungsstrom durch die Gestalt hindurch geschult; gleichzeitig wird vorn der Tastraum und hinten der Lauschraum erfahrbar. Der Bewegungsatem spielt zwischen dem Lichtumkreis und der Erdenschwere.
Eine *Lemniskate* im Raum und durch die Gestalt so zu bewegen, daß der vordere Teil zentral orientiert erscheint und der hintere Teil peripher verbunden erscheint, ist die nächste Übung. Mit der eurythmischen Bewegungsquelle führen wir den plötzlichen Übergang beim Durchlaufen des Kreuzungspunktes. Innen wird dabei die eigene Mitte mit der Lemniskatenmitte radial verbunden geführt, außen – hinten wird durch die tangentiale Formung aus dem Umkreis die eigene Mitte zum Wahrnehmungsorgan. Durch

62

die plötzliche Umstellung im Kreuzungspunkt wird innen qualitativ eurythmisch «Bewegung» erlebt und außen qualitativ eurythmisch «Gefühl» erfahren. Sekundär spielen die anderen Bewegungsquellen mit hinein in den Bewegungsablauf.

Blau als eurythmische Farbgeste wird in der Urgeste als den Leib umhüllend, beschützend erfahren und sei in dieser Reihe die nächste Bewegungsübung. Zur eigenen Bewegungsmitte hin erhellt sich die Farbqualität. Mit der Umstellung der inneren Aktivität kann die gleiche Geste sich umkreisoffen erweitern, sich wie von der Peripherie her durchatmet erleben lassen, so weit wie das Blau des Himmels. Aus der inneren Aktivität verwandelt sich die Farbgeste Blau von der «Bewegungsfarbe» in die Gefühlsfarbe (Schleierfarbe), vom Umkreis die Seele berührend als vertrauenerweckende Hülle. Das geht so bruchlos nur mit dem Blau als Abbild des Weltenäthers. – «Der Äther ist zwar nicht wahrnehmbar, aber er erhebt sich zur Wahrnehmbarkeit wegen der großen Majestät, mit der er sich im Weltenall hinstellt, indem er sich kundgibt, offenbart in der Himmelsbläue.» [62]

Ballen und Spreizen als solche ist die eurythmisch-menschliche Urgebärde, die sich zwischen Mittelpunkt und Umkreis atmend bewegt. Aus der eigenen seelischen Mitte «erhebt sich der Mensch über die Welt», indem er sich streckend in seiner Gebärde zur Welt ausstrahlend bewegt. Im «Sich-selber-schwach-Fühlen gegenüber der Welt» durch die Übermacht der Eindrücke beugt er seine Gebärde, nimmt die Eindrücke in sich hinein und erfährt in der Konzentration nach innen neue Kraft, um sich wieder der Welt zu öffnen. Hier bewegen sich Gestalt und Gebärde atmend als Ausdruck zwischen Ich und Welt. [63]

Die Übung *«Schau in dich – Schau um dich»* von Rudolf Steiner sei hier als nächste angeführt. Diese doppelt gebogene Spirale, die seitlich nach links bewegend eingewickelt wird und zurück nach rechts wieder heraus, ist die Grundlage für die Übung. Vokale auf dem Weg nach innen, Konsonanten auf dem Weg nach außen werden auf den Text eurythmisiert. In Schritten läßt sich die Übung aufbauen, die immer mehr eurythmische Qualität sichtbar werden lassen.

- Zunächst nur die Form als Bewegung im Raum,
- dann der Form folgend nach innen beziehungsweise außen,
- musikalisch im Zeitstrom fließend nach innen (mit dem Strom) und plastisch sich im Raum entfaltend wieder heraus (gegen den Strom),
- jetzt dazu die Vokale auf dem Hinweg, Konsonanten heraus,
- im weiteren das Ziel innen vorher vorgreifen und umgekehrt das Ziel draußen,
- in das Ganze integrieren Ballen – Spreizen.

Immer differenzierter stellen sich Mittelpunkt – Umkreis im Da-zwischen-Bewegen dar. Die ganze Übung hat einen Ich-Gefühl-Charakter, sie läßt alle Bewegung atmend erscheinen.

«Wir suchen die Seele – Uns strahlet der Geist» soll als letztes Beispiel in dieser Reihe als Übung von Rudolf Steiner angeführt werden. Auch diese Übung ist eine Spiralübung mit Zentrum und Peripherie. Nach vorn bewegend, ein-wickelnd zum Zentrum vokalisieren wir den Text, nach hinten, nach einer plötzlichen Umstel-lung spiralen wir wieder ein, dieses Mal aber wie mit einer Hüllkurve, von Tangenten aus dem Umkreis gebildet. Auf dem Rückweg konso-nantisieren wir den Text. – Über die spezifisch eurythmische Geometrie, die eben zentral und peripher gebildete Formen miteinander zeitlich-räumlich verbindet, notierte Rudolf Steiner, wie oben erwähnt: «Vita eurythmo-Geometrie!»[64]

Die Vokale auf dem Weg nach vorn–innen wollen ausstrahlen, die Konsonanten auf dem Weg nach hinten–innen werden von außen geformt plastisch herausgesetzt. Auch diese Übung läßt sich wie die vorangehende in verdichtenden Schritten aufbauen. Diese Übung hat einen Ich-Willens-Charakter, sie fordert waches, kraftvolles Gestalten. Mit Wärme bewegen wir uns nach vorn, lichtvoll gestalten wir den Rückweg, wach wird die Umstellung gegriffen. Die Vokale sind rein dionysischer Natur, die Konsonanten haben apollinischen Charakter.

Für die Gebärden ist die Schlüsselübung und Urquelle
Ballen und Spreizen

Sie läßt sich als Bewegung fassen in der ätherischen Ebene:
«Jedes Beugen entnimmt von außen aurische Kraft und läßt sie nach innen einfließen. In der uns umgebenden Aura entsteht Verdunkelung. Beim Beugen wird Lebenskraft im Innern verbraucht, die von außen hereinströmende aurische Kraft verbraucht den Menschen …

Bei jedem Strecken geht etwas von dem Willen aus uns heraus, und in der uns umgebenden Aura wird eine Erhellung bewirkt. Ich tue etwas, was sich nach außen hin fortsetzt. […] Strecken trägt den Willen hinaus, entläßt Lebenskraft.»[65]

In dieser Art ist jeder Mensch fortwährend im Tagesgeschehen tätig. Nur in der frei gestalteten Bewegung erhält dieses Tätigsein seinen sichtbaren Ausdruck.

In der seelischen Ebene bekommt die Urgebärde einen deutlichen Bezug zwischen Ich und Welt: «Wissen Sie, daß nur ein ichbegabtes Wesen lachen und weinen kann? Daß nur der Mensch, niemals aber ein Tier lachen und weinen kann? Und so wollen wir die beiden Möglichkeiten, wie das Ich im Lachen oder Weinen der Welt gegenübersteht, auch durch zwei Arten in der Gestaltung der Bewegungen zum Ausdruck bringen. Nämlich durch Spreizen und Ballen.»[66]

«Spreizen = Erhebung des Inneren über das Äußere», «Ballen = Fühlen innerer Hilflosigkeit gegen äußere Tatsachen; aber Zusammenfassen der inneren Kräfte (Verteidigung).»[67]

Die Urgebärde *Ballen und Spreizen* enthält in sich drei *Urphäno-mene:*

Der *Lichtatem* ist als Bewegung zwischen dem lichten Umkreis oben und dem finsteren Erdenmittelpunkt das Ausdrucksmittel für alle Zonen des Eurythmisierens.

Der *Wärmeatem* öffnet sich fühlend dem Umkreis, der Weite, und zieht sich in sich zusammen, den Seelenatem sphärisch umfassender oder isolierter zum Ausdruck bringend.

Der *Lebensatem* ist zwischen Impuls jeder Gebärde und abrundender Gestaltung das Ausdrucksmittel für das Sichtbarwerden der Intention.

Das sei hier nur soweit angedeutet, wie es für diesen Zusammenhang notwendig erscheint, als Urquelle aller eurythmischen Gebärden.[68]

Auch hier wird der ganze Mensch mit seinen drei Bewegungsquellen angesprochen:

Geistiger Bewegungsquell: = Umkreis um das Stirn-Chakra (Ich-Gedanke).

Seelischer Bewegungsquell: = Umkreis um das Herz-Chakra (Ich-Gefühl).

Ätherischer Bewegungsquell: = Umkreis um das Sonnengeflecht-Chakra (Ich-Wille).[69]

Für die Welt der Formen ist die Schlüsselübung der Strahl und die Spirale

Die beiden polaren Formen liegen allen geschaffenen Gestalten zugrunde. Es sind Kräfte, die im Tierkreis beheimatet sind und in seiner Gestik zum Ausdruck kommen.

Für die Eurythmie beginnt die Spirale qualitativ als Urform im Kosmos und endet im menschlichen Herzraum. Sie ist daher seit Menschengedenken die Geste der Entwicklung für den Menschen.

Der Strahl kommt für die Eurythmie qualitativ auch von den Sternen zur Erde, geht aber wie durch den Menschen hindurch. Er kommt aus dem Unendlichen, berührt einen Ort im Sinnlichen und geht wieder ins Unendliche.

Diese Urformen umfassen alles, was in den verschiedenen Ebenen differenziert an Formen, durch verschiedene innere Standpunkte erfüllt, in der Bewegung eurythmisch erscheinen kann.

Im Vortrag vom 28. Juni 1914 spricht Rudolf Steiner darüber, daß Formen aus der geistigen Welt sprechen können. Zum Beispiel kann der Gedanke des Ich in einer Form empfunden werden, wenn man vom Formwissen zum Formfühlen übergeht. Bei einem Kreis wird man immer die Ichheit, das Selbst empfinden. «Kreis fühlen würde heißen Selbstheit fühlen. Kreis fühlen in der Ebene, Kugel fühlen im Raum, ist Selbstheit fühlen, Ich fühlen.» Gliedern wir den Kreis in gleichmäßig sich ausstülpende Wellen, so erscheint das In-Beziehung-Treten des Ich mit der Welt. «Die Gliederung der Kreislinie drückt aus einen Kampf, gewissermaßen eine Wechselbeziehung mit der Außenwelt.» Man fühlt: «Das Innere ist stärker als das Äußere!»

Gliedern wir den Kreis gleichmäßig in Einkerbungen, Zacken, Einstülpungen, tritt ebenso eine Beziehung zwischen Welt und Ich ein. «Und beim zackig ausgebildeten Kreis: das Äußere hat sich eingebohrt und ist stärker als das, was im Kreise liegt.» [70]

«Das Äußere hat gesiegt» erleben wir beim eingekerbten Kreis.

Im strömend bewegten Kreis entstehen *runde Formen*, wenn von innen eurythmische Impulse in die Außenwelt drängen. Kommen die rhythmischen Impulse vom Umkreis her, bilden sich *gerade Formen* in den Kreis hinein.

Das ist auf der Ebene des Lebendigen auch in der Natur wahrnehmbar als Ausdruck des Ätherischen, bei den Pflanzenblattformen zum Beispiel. In der Eurythmie sind diese aus dem Kreis entstehenden Urformen wie ein Urgrund, aus dem sich alles weitere entwickelt.

Einen nächsten Schritt eurythmischer Formen bilden die
geometrischen Gestaltformen:
Die geraden oder strahligen sind Dreieck, Viereck, Fünfeck, Sechs-
eck, Siebeneck.
Die runden oder spiraligen sind Kreis, Spirale, Lemniskate, harmoni-
sche Acht.

Diese Formen tauchen als Gestalt zum Beispiel in einem Auftakt auf
und bestimmen dann den Charakter, oder sie tauchen wie ein Kristall
in fließenden Formen auf und sind als geometrische Gestalt sprechend wirksam oder auch in pädagogisch-eurythmischen Übungen.

Die Spirale steht auch als selbständige Übung für sich, wie wir es
im «Schau in dich – Schau um dich» oder «Wir suchen die Seele – Uns
strahlet der Geist» beschrieben haben. Auch die fortlaufende Lemniskate bildet einen Reigen, oder das Dreieck ist die Grundgestalt
im Energie- und Friedenstanz. In vielen pädagogisch-eurythmischen
Übungen wird gerade die geometrische Gestalt Grundlage.

Ein ganz neues Element kennt die Eurythmie in den sogenannten
dionysischen und *apollinischen Formen:*

Bei den *dionysischen Formen* wird alles aus dem Mittelpunkt heraus
erlebt, mein Mittelpunkt gegenüber der Welt, oft auch zentral gerich-
tet. Ob es die Formen für Ich – Du – Er oder für Denken – Fühlen –
Wollen sind, immer sind Strahliges und Spiraliges die Kräfte, die die
Formen bilden. Das Wesentliche ist der Standpunkt im Bewegen der
Formen von mir zur Welt.

Auch die Übung im Kreis für die Er-Form, «Der Wolkendurch-
leuchter», sucht aus mir die Verbindung zum Umkreis, gehalten am
gemeinsamen Kreiszentrum. Alle Reigentänze kehren in sich zurück
und haben den Kreis mit seiner Mitte als ordnende Kraft.

Die *apollinischen Formen* entstehen durch ihren Bewegungsbezug
zwischen Hinten, Licht-empfangend, und, frontal orientiert, Vorn,
Welt-formend.

In der Eurythmie nennen wir die apollinischen Formen auch *gram-
matikalische* Formen für Substantiv (konkret, abstrakt, wesenhaft,
Zustand), Verb (in allen Nuancen zwischen aktiv und passiv).

Auch hier sind Strahliges und Spiraliges die Kräfte, aus denen die Formen gebildet werden. Auch hier ist der andere Standpunkt zwischen einer geistig wesenhaften Welt (hinten) und einer anschaubar, greifbaren Welt (vorn) das Entscheidende.

Die Quelle der Formen ist immer die gleiche, die Gestalten leiten sich aus dem ätherischen Prinzip des «Inneren» und «Äußeren» ab und bekommen durch die innere Haltung in der Beziehung zur Welt ihre spezifische Qualität.

Ganz besonders deutlich erscheint diese ätherische Substanz bei den *Formen von Rudolf Steiner für Poesie und Musik.* Sie verstehen sich als Gedankenbewegung, als ätherische Gesamtgestalt oder Zeitgestalt von Poesie oder Musik eines spezifischen Kunstwerkes. Es ist ein Schulungsweg, um sich schrittweise an diese Äthergestalten im Raum – der Poesie – und an die Ätherspuren in der Zeit – der Musik – in den Formen Rudolf Steiners heranzutasten. Einen Weg finden wir im schrittweisen Erweitern des fühlenden Bewußtseins von Lautübergängen zu Wortgebärden, von Bildern, Motiven zu Zeilen, Perioden, da ergreifen wir erste übergreifende Einheiten. Dann geht es von Strophen, Tonsatzgestalten hin zur Totalgestalt, aus der das Kunstwerk sich dann in der bewegten Form offenbaren kann.

Es kostet viel Kraft, um in das Tableau des Ganzen eintauchen zu können. Jedes Gedicht, jedes Musikstück hat seine eigene Bewegungsgestalt, Zeitgestalt, die sich in der eurythmischen Form als Gedankenbewegung fassen läßt. Erst in der Bewegung im Raum erscheint diese Gesamtgestalt «an» beziehungsweise «durch» die bewegende Gestalt des Eurythmisten. Sie wird wirksam und wahrnehmbar an und um die beseelte Bewegungsgestalt.

Wie die Bewegung zwischen Mittelpunkt und Umkreis, in sich gehalten oder weit im Umkreis geführt wird, von sich ausgehend oder von der Welt geformt erscheint, das wird zur künstlerischen Gestaltungsfrage. In der eurythmischen Gestaltung leben und wirken alle drei Kräfte zusammen: die strahlig und spiralig bewegten Formen, die zwischen Ballen und Spreizen atmenden Gebärden und der Ich-Atem vom schlafend-träumenden zum wach-überwachen Zustand.[71]

11.

Alle Vokale zusammen sind der ganze Mensch

Im Vortrag vom 9. Januar 1915 spricht Rudolf Steiner vom sprechenden und singenden Menschen. Der Ätherleib ist veranlagt, sich in eurythmischen Bewegungen mitzubewegen, wird aber durch den Leib gehindert, durch Ahriman abgehalten. Es wird versucht, das, was das Ich an Bewegungen im Ätherleib erzeugen kann, durch die eurythmischen Bewegungen herauszuholen:

«Wir versuchen abzutrotzen dem Ahriman diese Eurythmie; denn dadurch daß Ahriman in die Welt gekommen ist, ist der menschliche Ätherleib so verhärtet worden, daß er die Eurythmie nicht als natürliche Gabe entwickeln konnte. Die Menschen würden eurythmisieren, wenn Ahriman den menschlichen Ätherleib nicht so verhärtet hätte, daß das Eurythmische nicht zum Ausdruck kommen kann ...»

Für das hellseherische Bewußtsein ist es ein ganzer Mensch, der in gewissen Bewegungsformen zum Vorschein kommt, wenn alle Vokale erklingen.

«A, E, I, O, U – ist immer ein ganzer Mensch, nämlich ein Spektrum, ein ätherisches Gespenst des ganzen Menschen. Nur wird in einseitiger Weise der ätherische Leib bewegt, so daß, wenn Sie einen Menschen sprechen hören: A, E, I, O, U –, das so verläuft, daß Sie hintereinander fünf Menschen spektrisch sehen, nur immer in verschiedener Bewegungsform und so, daß nicht immer der ganze Mensch voll und gleichmäßig zu sehen ist, sondern manchmal mehr der Kopf, manchmal mehr die Hände, manchmal mehr die Beine. Die anderen Teile treten dann, ich möchte sagen, in Dunkelheit, in Düsterheit zurück.»[72]

Das A in der eurythmischen Gebärde drückt die Gemütsstimmung des Staunens, des Verwunderns aus. Das A ist «der sich verwundernde Mensch, der über sich selbst, über sein wahres Wesen sich verwundernde Mensch, vor sich erstaunende Mensch, also eigentlich der Mensch in seiner höchsten, idealsten Entfaltung»[73].

Das E in der eurythmischen Gebärde drückt die Gemütsstimmung des Auf-sich-selbst-Stellens gegenüber einem anderen aus, ein Berührtwerden und Sich-dagegen-Halten. «Wir haben im E das Berührtwerden und Sich-aufrecht-Erhalten, sich erhalten in der Berührung.»[74]

Das I in der eurythmischen Gebärde drückt die Gemütsstimmung der Selbstbehauptung aus, der Befestigung des Geistes in uns selbst. Der Mensch «will seine Selbstbehauptung, sein Sich-Hineinstellen in die Welt» ausdrücken.[75]

Das O in der eurythmischen Gebärde drückt die Gemütsstimmung der Liebe, der Hingabe zu einem Wesen aus. «Die O-Stimmung ist diejenige des Umfassens, des In-sich-Aufnehmens, des Mit-sich-Vereinigens. Sie brauchen daher helle Farben.»[76]

Das U in der eurythmischen Gebärde drückt die Gemütsstimmung von Furcht und Sehnsucht aus. «U … kann empfunden werden als dasjenige, was seelisch-innerlich erkältet, versteift, erstarrt …, wobei einen friert. Also *U: das Erkältende, Versteifende.*»[77]

Im U kommt die «menschliche Seele in einen Zusammenhang mit demjenigen … was überirdisches Geschehen, außer ihr ist, das sie eigentlich gar nichts angeht.»[78]

Die Eurythmie-Figuren von Rudolf Steiner für die Vokale geben ein Bild, in Farbe und Form, wie die Lautgebärden an der Gestalt eurythmisch erscheinen.[79]

Das A in rötlich-lila mit grünlich-bläulichem Schleier und leicht rotem Charakter öffnet sich vom mittleren Menschen, der stark betont erscheint durch den Schleier in seiner Gebärde nach unten. Das E in grün mit hellgelbem Schleier und schwachrotem Charakter erscheint energisch gekreuzt in Schulterhöhe. Das I in gelborange mit rotem Schleier und leise blauem Charakter zeigt eine wach beherrschte Gebärde, die über die Gestalt hinaus nach oben weist und zugleich unten gehalten wird; dabei wirkt der Kopf für sich noch einmal in Selbstbehauptungs-Haltung. Das O in rötlich mit grünlichgelbem Schleier und blauem Charakter erscheint in der Gebärde erstaunlich weit nach unten vor der Gestalt gerundet, wie gehalten in der Hingabe. Das U in blau mit gelbem stolaartigen Schleier von oben die Gestalt überströmend und lila Charakter erscheint in der Gebärde schmal nach unten vor der Gestalt.

Im Vortrag vom 21. Februar 1924 verbindet Rudolf Steiner die musikalische Skala mit der Sprache durch die Vokale.[80] Er schafft dabei eine Konkordanz, die er von Matthias Hauer übernimmt, der sich das rein nach dem Gehör erarbeitet hat. Rudolf Steiner verbindet weiterhin die Stufen-Intervalle als Grundton-bezogene Intervalle in der Skala mit den Vokalen. Die menschliche Gestalt klingt dabei mit wie eine beseelte Monochord-Saite in den Beinen mit der Prim in U. Die Sekunde erscheint konkordierend mit dem Unterleib in der Gebärde in O. Die Terzstufe klingt mit im Brustbereich mit der A-Gebärde. Im Verlauf der Hauptvokale begrenzt die Mundpartie die Quintstufe mit der E-Gebärde als konkordierendem Laut. Mit der Septimstufe kommen wir in den Stirnbereich mit dem Konkordanzlaut I. Die Oktavstufe schließt mit dem Schädel die Gestalt und zugleich die Skala ab und erklingt im Konkordanzlaut U auf der erhöhten Stufe zur Prim.

Versuchen wir, die beschriebenen Aspekte ineinanderklingen zu lassen: die Vokal-Gemütsstimmung, das Lautbild in der Eurythmiefigur und das Verhältnis der Gestalt zum Konkordanzlaut.

Wenn wir in das eurythmische A uns einleben, wird der mittlere Mensch besonders erlebbar, der sich vom Herzraum her nach unten öffnet. Die Seele lebt im Staunen aus dem Herz-Chakra im A.

Leben wir in der eurythmischen E-Gebärde, im Sich-Aufrechthalten gegenüber der Welt, wird die Kehlkopfgegend angesprochen. Das Kehlkopf-Chakra erscheint lichterfüllt.

Mit der eurythmischen I-Gebärde ergreifen wir die ganze Gestalt in der Selbstbehauptung. Im besonderen erhellt sich in Wachheit das Kopf-Chakra.

Das O in der eurythmischen Gebärde lebt im Gemüt im Mitgefühl. Wie die Sekund erklingt erhellend der Bereich um das Sonnengeflecht, die zehnblättrige Lotosblume.

Das U in der eurythmischen Gebärde verbindet in seiner Ge-
schlossenheit und im Durchströmen zur Erde den Menschen mit
dem Geistigen außerhalb seiner. Es ist wie die Prim mit dem Wurzel-
Chakra konkordierend und erhellt den unteren Menschen. Aurisch
heller wird der Mensch im Vokalisieren nacheinander vom Herzen
herauf bis in den Kopf und herunter bis in die Füße.

Diese für jeden nachzuvollziehende Tatsache ist eben auch eine eurythmische Meditation. Auf diese Weise wird altes gnostisches Wissen
neu ergriffen.[81] Für die Eurythmie gibt es einen festen Grund einer
spirituellen Menschenkunde.

12.

Anregungen zu eurythmischen Meditationen

Die Meditationen in der Eurythmie sind wie die Bildekraft, um das eurythmische Instrument empfänglich und durchlässig zu machen, es umzubilden für die Eurythmie. Die beschriebene Folge ist als Grundlage für die eurythmische Arbeit gedacht. Neben den hier urbildlich beschriebenen Meditationen kennt wohl jeder Mensch, der jahrelang eurythmisch gearbeitet hat, seine ganz eigenen Übungen: Eine Zeit hindurch ganz mit einem Laut zu leben, bis er etwas von seinem Geheimnis offenbart, oder: Durch eine kleine Folge von Gebärden sich mit seinem Instrument und dem eurythmischen Raum zu verbinden.

Rudolf Steiners Dichtung «Zwölf Stimmungen»[82] läßt verschiedene Möglichkeiten meditativer Übungen zu. In seinem Vortrag zur ersten Aufführung des Tierkreises mit den Planeten regte er selber dazu an:

«Es ist in jeder Strophe genau die Stimmung, die dem betreffenden Planeten am Himmel entspricht … Trotzdem in jedem einzelnen festgehalten ist die allgemeine Stimmung der Strophe, werden Sie aus jeder dieser Zeilen da, in der Aufeinanderfolge der sieben Zeilen, dem *Mars* immer entsprechend, die *Mars*-Stimmung heraushören aus der Zeile. So daß eigentlich das Ideal ist, daß, wenn jemand aufgeweckt werden könnte aus dem Schlaf und es würde ihm eine Zeile vorgelesen: ‹Im Werden verharret Wirken› – er sagen müßte: ‹Nun ja, *Mars* im *Skorpion*!› Bei der anderen Zeile: ‹*Jupiter* in der *Waage*› usw. Sie sehen, das ist das Gegenteil jeder subjektiven Willkür. Es ist wirklich das Einssein mit den Gesetzen des Universums ernst genommen.»[83]

So kann jeder sich anders mit den Strophen und Planetenzeilen verbinden: eine Strophe jeweils in der entsprechenden Zeit im Jahr durch vier Wochen hindurch sich lebendig machen, zum Beispiel dadurch, daß die jeweilige Planetenzeile am entsprechenden Wochentag in sich rege gemacht wird.

Das kann eurythmisierend geschehen oder indem der Konsonant der Strophe in der entsprechenden Zeile differenziert erlebt wird. Zu jeder Zeile den Laut der Strophe ausgeführt, wird der Laut ganz verschieden lebendig sich gestalten lassen.

Die Farbe des Tierkreiszeichens dient als Urgrund, die Farbe der Planetenzeile färbt die bewegte Stimmung jeweils anders.

Vokalisieren der Zeilen mit Planetenfarbentingierung, Konsonantisieren der Zeilen mit Tierkreisgesten-Farbentingierung, die Verben in ihrem Stellenwert erfahren und die verschiedenen Sprachformen (Imperativ – Indikativ – Konjunktiv) im Tierkreisdurchgang erleben, sind weitere Anregungen, um das Geheimnis der Sprache in sich lebendig werden zu lassen.

«Man versucht da wirklich sich hineinzuleben, in Stimmung, im Tun und in allem sich hineinzuleben, und – man möchte sagen: Das, was Sie da sich haben abspielen sehen, das gibt einem die Möglichkeit, eine Beweglichkeit und in Bewegung befindliche Begriffe sich zu verschaffen von dem, was man so nennen kann:

Das Wort wallt durch die Welt,
Und die Weltenbildung hält das Wort fest.»[84]

Anmerkungen

1 Siehe den Beitrag von R. Bock, Punkt und Umkreis, in: Rundbrief der Sektion für Redende und Musizierende Künste, Dornach, Nr. 27.

2 Rudolf Steiner, Zur Geschichte und aus den Inhalten der ersten Abteilung der Esoterischen Schule 1904–1914. GA 264. Dornach 1984, Seite 171.

3 Ebenda, *Hervorhebung durch W. B.*

4 Rudolf Steiner, Eurythmie als sichtbare Sprache. Laut-Eurythmie-Kurs. GA 279, 5. Aufl. Dornach 1990, Vortrag vom 11. Juli 1924. *Hervorhebung durch W. B.*

5 Siehe Anm. 2, Seite 172.

6 Siehe Anm. 2, Seite 173.

7 Siehe Anm. 4, Vortrag vom 24. Juni 1924.

8 Rudolf Steiner, Bilder okkulter Siegel und Säulen. GA 184, Vortrag vom 21. Mai 1907.

9 Rudolf Steiner, Zur Geschichte und aus den Inhalten der erkenntniskultischen Abteilung der Esoterischen Schule von 1904 bis 1914. GA 265, Dornach 1987.

10 Siehe Anm. 8, Seite 65.

11 Siehe Anm. 9, Seite 456.

12 Ebenda, Seite 460.

13 Ebenda, Seite 478.

14 Siehe Anm. 8, Vortrag vom 24. Oktober 1914.

15 Rudolf Steiner, Vortrag vom 30. Dezember 1921, in: Stilformen des Organisch-Lebendigen. Dornach 1933 (noch nicht in der Gesamtausgabe erschienen).

16 Hilde Raske, Das Farbenwort, Rudolf Steiners Malerei und Fensterkunst im ersten Goetheanum. Stuttgart 1983.

17 Die Skizze des Vorhangs für die Eurythmie von Rudolf Steiner finden wir in: Hilde Raske, Das Farbenwort (siehe Anm. 16); siehe auch Lea van der Pals, Zu der «Eurythmie-Vorhang» benannten Pastellskizze von Rudolf Steiner, in: Rundbrief der Sektion für Redende und Musizierende Künste, Dornach, Nr. 29.

18 Rudolf Steiner, Die Entstehung und Entwickelung der Eurythmie. GA 277a, 2. Aufl. Dornach 1982, Seite 18.

19 Ebenda.

20 Ebenda.

21 Vortrag vom 17. Juli 1923, in: Rudolf Steiner, Eurythmie. Dornach 1991 (noch nicht in der Gesamtausgabe erschienen).

22 Ebenda.

23 Ebenda.

24 Rudolf Steiner, Der irdische und der kosmische Mensch. GA 133, 4. Aufl. Dornach 1990, Vortrag vom 14. Mai 1922.

25 Rudolf Steiner, Eurythmie als sichtbarer Gesang. Ton-Eurythmie-Kurs. GA 278, 4. Aufl. Dornach 1984, Vortrag vom 23. Februar 1924.

26 Siehe: Rudolf Steiner, Heileurythmie. GA 315, 4. Aufl. Dornach 1981, Vortrag vom 12. April 1921.

27 Siehe: Rudolf Steiner, Entstehung und Entwicklung der Eurythmie. GA 277a, 2. Aufl. Dornach 1982, und: Annemarie Dubach, Die Grundelemente der Eurythmie, 6. Aufl. Dornach 1988.

28 Siehe Anm. 27.

29 Rudolf Steiner, Mysterienstätten des Mittelalters. GA 233a, 5. Aufl. Dornach 1991, Vortrag vom 22. April 1924.

30 Das Neue Testament, Die Offenbarung des Johannes, 1,8, Übers. v. Emil Bock.

31 Siehe das Kapitel A 2, «Übungen mit der Meditationsformel ‹Ich bin – Es denkt – Sie fühlt – Er will›», in: Rudolf Steiner, Seelenübungen mit Wort- und Sinnbild-Meditationen. GA 267, Dornach 1997, Seite 101ff.

32 Der Grundsteinspruch und seine Rhythmen an der Weihnachtstagung 1923/24, in: Rudolf Steiner, Die Weihnachtstagung zur Begründung der Allgemeinen Anthroposophischen Gesellschaft 1923/24. GA 260, 5. Aufl. Dornach 1994. – Rudolf Steiner, Die Grundsteinlegung der Allgemeinen Anthroposophischen Gesellschaft, Einzelausgabe, Dornach. – Im folgenden zitiert nach der Ausgabe GA 260, Seite 281ff.

33 Rudolf Steiner, Die Welträtsel und die Anthroposophie. GA 54, 2. Aufl. Dornach 1983, Vortrag vom 16. November 1905.

34 Siehe Anm. 25, Vortrag vom 23. Februar 1924.

35 Ebenda.

36 Siehe Anm. 4, Vortrag vom 25. Juni 1924.

37 Siehe Anm. 18, Seite 107.

38 Siehe Anm. 29, Vortrag vom 12. Januar 1924.

39 Ebenda.

40 Rudolf Steiner, Seelenübungen mit Wort- und Sinnbild-Meditationen. Seelenübungen, I, Übungen mit Wort- und Sinnbild-Meditationen zur methodischen Entwicklung höherer Erkenntniskräfte 1904–1924. GA 267, Dornach 1997.

41 Rudolf Steiner, Mythen und Sagen – Okkulte Zeichen und Symbole. GA 101, 2. Aufl. Dornach 1992, Vortrag vom 26. Dezember 1907.

42 Siehe Anm. 40, Seite 218.

43 Anm. 2, Seite 188ff.

44 Siehe dazu: Werner Barfod, Tierkreisgesten und Menschenwesen, Ein Weg zu den Quellen der Eurythmie. Dornach 1998.

45 Hildegard Bittorf, Eurythmie. Weißenseifen 1993.

46 Siehe Anm. 18, Seite 38ff.

47 Rudolf Steiner, Heilpädagogischer Kurs. GA 317, 8. Aufl. Dornach 1995, Vortrag vom 5. Juli 1924.

48 Siehe Anm. 4, Vortrag vom 12. Juli 1924 (mit Varianten).

49 Werner Barfod, «Ich denke die Rede». 2. Aufl. Dornach 1996.

50 Florin Lowndes, Die Belebung des Herzchakra, Ein Leitfaden zu den Nebenübungen Rudolf Steiners. 2. Aufl. Stuttgart 1997.

51 Siehe Anm. 34.

52 Rudolf Steiner, Eurythmie als sichtbare Sprache. Laut-Eurythmie-Kurs. GA 279, 5. Aufl. Dornach 1990, Vortrag vom 11. Juli 1924 (mit Handschrift-Wiedergabe des Spruchs).

53 Formulierung R. Steiners, hier als Schlüsselwort für die drei Ebenen gemeint.

54 Ebenso.

55 Vortrag vom 23. Dezember 1921, in: Rudolf Steiner, Nordische und mitteleuropäische Geistimpulse. GA 209, 2. Aufl. Dornach 1982.

56 In: Mitteilungen aus der anthroposophischen Arbeit in Deutschland, Stuttgart (Advent) 1952.

57 Siehe Seite 43 und Anm. 38.

58 Siehe: Werner Barfod, Die drei Urphänomene eurythmischen Bewegens. 2. Aufl. Dornach 1996.

59 Siehe: Rudolf Steiners Notizblatt vom 4. August 1922, in: Rudolf Steiner, Eurythmie. Die Offenbarung der sprechenden Seele. GA 277, 2. Aufl. Dornach 1980, Seite 284.

60 Siehe Anm. 49.

61 Vortrag vom 7. Oktober 1914, in: Rudolf Steiner, Zeiten der Erwartung – Neue Formen der alten Schönheit aus der Welt des Geistes, Dornach 1935, Seite 20ff. (noch nicht in der Gesamtausgabe erschienen).

62 Vortrag vom 4. Juni 1924, in: Rudolf Steiner, Esoterische Betrachtungen karmischer Zusammenhänge. GA 236, 6. Aufl. Dornach 1988.

63 Zur Differenzierung dieser Übung gehören «die drei Urphänomene menschlichen Bewegens», die aber an dieser Stelle nicht näher beschrieben werden sollen: siehe Anm. 58.

64 Siehe Anm. 37.

65 Siehe Anm. 18, Seite 24.

66 Ebenda, Seite 36.

67 Ebenda, Seite 37.

68 Eine ausführliche Darstellung des Themas siehe in: Werner Barfod (u. a.), Die drei Urphänomene eurythmischen Bewegens, 2. Aufl. Dornach 1996.

69 Näheres siehe dazu in den vorhergehenden Kapiteln.

70 Vortrag vom 28. Juni 1914, in: Rudolf Steiner, Wege zu einem neuen Baustil. GA 286, 3. Aufl. Dornach 1982.

71 Alle erwähnten eurythmischen Übungen, Elemente und Formen sind als bekannt vorausgesetzt und in einen bestimmten, thematischen Zusammenhang gebracht in: Annemarie Dubach, Die Grundelemente der Eurythmie, 6. Aufl. Dornach 1988, und in: Rudolf Steiner, Die Entstehung und Entwickelung der Eurythmie. GA 277a, 2. Aufl. Dornach 1982. Hier findet man alle vorausgesetzten Grundlagen beschrieben.

72 Vortrag vom 9. Januar 1915, in: Rudolf Steiner, Wege der geistigen Erkenntnis und der Erneuerung künstlerischer Weltanschauung. GA 161, Dornach 1980.

73 Siehe Anm. 4, Vortrag vom 24. Juni 1924.

74 Siehe Anm. 4, Vortrag vom 25. Juni 1924.

75 Vortrag vom 26. August 1923, in GA 279 (siehe Anm. 4).

76 Vortrag vom 1. Juli 1924, in GA 279 (siehe Anm. 4).

77 Vortrag vom 25. Juni 1924, in GA 279 (siehe Anm. 4).

78 Vortrag vom 17. Juli 1923, in: Rudolf Steiner, Eurythmie. Dornach 1991 (noch nicht in der Gesamtausgabe erschienen).

79 Siehe: Rudolf Steiner, Entwürfe zu den Eurythmiefiguren. GA K26, 2. Aufl. Dornach 1984, und: Die Eurythmiefiguren von Rudolf Steiner, malerisch ausgeführt von Annemarie Bäschlin. GA K26a, Dornach 1987.

80 Vortrag vom 21. Februar 1924, in GA 278 (siehe Anm. 25).

81 Zur Gnosis siehe: Peter J. Carroll, Liber Kaos – Das Psychonomikon, Edition Ananael 1994.

82 In: Rudolf Steiner, Wahrspruchworte. GA 40, 8. Aufl. 1998, S. 55ff.

83 Rudolf Steiner, Planetentanz. Zwölf Stimmungen, Dornach 1950; nur gekürzt in GA 277a (siehe Anm. 18), Seite 158ff.

84 GA 277a (siehe Anm. 18), Seite 159f.